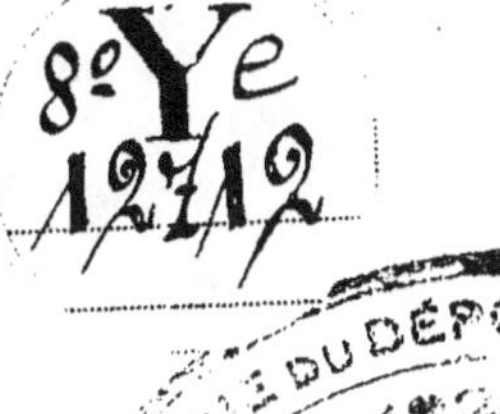

Lucien-Roger BOYER
(DE LYON)

Ma Petite Patrie !

—◆—

LYON ET SA RÉGION

—◆—

Poèmes et Chansons
avec Préface de l'Auteur

—◆—

- 1928 -

TOUS DROITS RÉSERVÉS

LUCIEN-ROGER BOYER
(DE LYON)

Ma Petite Patrie !

LYON ET SA RÉGION

*Poèmes et Chansons
avec Préface de l'Auteur*

- 1928 -

Simple préface

Pour mes compatriotes, pour mes amis les gones (mot si fraternel et si lyonnais) j'ai choisi dans ma nombreuse collection où, depuis 1912, j'entasse poèmes, poésies et chansons, ce qui avait trait à notre bonne ville de Lyon et à ses environs; c'est donc un pieux souvenir local que j'offre à mes chers lecteurs et à mes aimables lectrices.

Les anciens revivront des jours passés en lisant ces vers sans prétention (lyre d'un humble employé fils de ses œuvres) qui glorifient les noms illustres de notre petite patrie et les sites charmants de notre beau pays lyonnais. Les jeunes apprendront à connaître et à aimer davantage ce qui fait la gloire et la renommée mondiale de Lyon et de sa région.

Amis, inspirez-vous du chant de ma lyre pour chanter avec moi l'amour que nous avons pour Lyon, pour célébrer son labeur, sa gloire, sa grandeur, ses merveilles et pour travailler encore à la rendre plus belle en infusant dans nos cœurs toujours plus de bonté pour être digne citoyen de notre illustre Cité!

Gloire à Lyon, cité de labeur, de lumière,
Au cerveau de génie, au cœur humanitaire,
Dont le nom de progrès
Dit : Bonheur dans la Paix!

L.-R. B.

Ma Ville

Dédié à Monsieur Edouard Herriot,
Maire de Lyon.

Lyon! je te salue! ô Cité merveilleuse,
J'admire ta grandeur, ô ruche industrieuse
Où s'harmonisent l'Art, la Gloire et la Beauté
Dans un labeur fécond plein de prospérité!
Et c'est toi, cité noble où j'ouvris ma paupière,
Qu'heureux, je veux chanter du sommet de Fourvière!

. . . .

Mes yeux émerveillés contemplent ta splendeur,
Ton immensité riche au décor enchanteur,
Panorama superbe, œuvre de la Nature,
Travaux humains géants, œuvres d'architecture
Formant un tout charmant, grand, beau, prodigieux,
Qui montre à l'œil ravi son art ingénieux!
A mes pieds, j'aperçois les quais, l'onde qui coule,
C'est la Saône dolente en son doux lit, qui roule,
Coquette dans sa robe aux tons clairs et changeants,
Qui charmera bientôt le beau Rhône géant!
Puis, curieusement, je suis son vert sillage
Jusqu'à l'ouvrage d'art dont le nom est barrage.
Là, pour témoin, ayant tout le ciel radieux,
Elle s'unit au Rhône en nos murs glorieux!
Et leur commune voix en cette heure éternelle
Chante gloire à Lyon, ville noble et modèle!...
Mon œil extasié scrute encor l'horizon,
Découvrant de partout des trésors à foison;
Là-bas, c'est l'ouvrier qui frappe sur l'enclume,
Là, le teinturier près de la barque qui fume,

Là-haut, le tisserand qui façonne avec art
Le fil de soie avec son grand métier Jacquard.
De partout l'on entend le bruit sourd des machines,
Du labeur hymne ardent qui monte à la colline,
Bruit du fer et du bois qu'œuvre l'humble artisan
De ses agiles mains ou de ses bras puissants.
Ici, dans les jardins, là, sous le vert feuillage,
Le peintre et le poète, écoutant le langage
Des oiseaux enchanteurs au chant pur et divin,
Travaillent pour les yeux et le cœur des Humains!..

O Lyon! ma patrie! ô cité magnanime
Dont le nom radieux sur l'univers fait prime,
J'admire ta grandeur, ta sublime beauté,
Ton cœur riche d'amour servant l'Humanité;
Foyer d'intelligence à la flamme immortelle,
Travaillant pour le bien, l'amitié fraternelle
Qui guidera toujours l'homme en son droit chemin,
En éclairant ses pas de ses flambeaux divins!..

Onde pure, oisillons, à la voix du poète
Unissez vos doux chants en cette heure de fête,
Pour célébrer bien haut la gloire de Lyon.
Dont l'humain ravi reste en admiration!
Gloire! gloire à Lyon, ô cité de lumière
Qui restera toujours, pour le devoir, première!
Douce aux fiers artisans et bonne aux malheureux
Telle apparaît ma Ville à tous les justes yeux!

> Lyon, ma petite patrie,
> A toi, tout mon cœur et ma vie!

Lyon, le 23 Juin 1925.

O mon Rhône Immortel

De ma fenêtre... Hommage au Rhône.

DEVISE :

Rhône, pour tes bienfaits, ta force et ta beauté,
Les Peuples chanteront ton immortalité!

En heureux assistant, j'ai vu de ma fenêtre,
L'hommage de Lyon à ta noble beauté,
Le soleil radieux tenant lieu de Grand Prêtre,
Pailletait de son or ton corps plein de fierté!
Pendant que dans un geste où s'alliaient la grâce,
La fraîcheur, la beauté, la reine de Lyon,
Avec ses reines sœurs, effeuillaient dans l'espace
Les fleurs aux doux parfums, de leurs doigts tout
[mignons,
Pour te magnifier en évoquant ton nom!
Cependant que dans l'air une douce harmonie
Répétait aux échos tout notre amour pour toi,
Les fleurs couvraient tes flots de leur couleur jolie,
Parant divinement ton noble corps de roi!
La foule des grands jours, en cette heure joyeuse,
Admirait ta beauté dans toute sa grandeur,
Et de t'avoir un peu, sa tendresse orgueilleuse
Se traduisait gaîment en des airs enchanteurs!
Et comme un hosanna d'amour et de tendresse
Les Lyonnais heureux célèbrent tes vertus,
Ta force, ton labeur et toute ta noblesse,
Rhône qui par le sort n'est jamais abattu.

Tu méritais cela, mon Rhône magnifique,
D'être immortalisé par ce geste divin,
Au bruit des gais vivats, au son de la musique;
Pour nos yeux, roule encore en chantant ton refrain !..

En bondissant, joyeux dans ta course intrépide
Emporte le baiser que te donne Lyon
A cette sœur aimée en sa ville splendide
Qui veut te fêter, Rhône, en son cher Avignon !

Rhône, ainsi, de ta source aux neiges éternelles,
Jusqu'à ton embouchure à la mer immortelle,
Les Peuples riverains toujours te chanteront,
Célébrant ta beauté, ta force, ta vaillance,
Ta grande utilité qui donne l'espérance
Car, confiant en toi, la richesse, ils l'auront !
A ton chant valeureux je ferme mes paupières,
Avec toi, je refais ton parcours merveilleux,
Admirant les pays que tes flots orgueilleux
Caressent en passant de leurs vagues légères,
Et mes yeux sont ravis et mon cœur est joyeux,
Car tout chante ton nom, ô Rhône, et te louange
Dans un accord parfait les Muses et les Anges
Mêlent à ce concert les cantiques des cieux !
Toi, fièrement, tu vas franchissant monts et plaines,
Réveillant en passant tous les cœurs endormis,
Cueillant d'ici, de là, des petits rois, des reines,
Rivières et ruisseaux que ton charme a conquis !

Et plus fort que jamais, sous le soleil qui brille,
Tes flots majestueux arrosent le Midi,
C'est la Provence ici, pays des belles filles
Qui vantent ta beauté sous leur ciel agrandi.

Tout chante ta splendeur et ta magnificence,
Invincible géant tu subis ton destin,
Déjà la Mer t'étreint de sa toute puissance,
T'emportant tout entier dans son énorme sein !
Mais une voix du Nord crie enfin : espérance !
Et des glaciers géants, ô mon Rhône immortel
Invaincu, tu jaillis pour ton cours éternel !..

O salut, gloire à toi, salut à ta noblesse,
Salut à ta beauté qui répand l'allégresse,
Chante la liberté de ton air solennel,
Chante et roule toujours, ô mon Rhône immortel !

Lyon, le 1er Avril 1928.

Mon Quartier

J'ai quatre poètes dans mon quartier.

DEVISE :

De notre Cité noble il couronne le faîte,
Mon quartier accueillant abrite les poètes !

Sous ma fenêtre, il me sourit
Le doux Joséphin Soulary.
Dominant mon toit comme un dôme
S'érige en roi Sully Prud'homme.
Sur l'autre versant, face aux monts,
Préside en grand Pierre Dupont
Tandis que sous le même ombrage,
De Roy se dessine l'image.
. . . .

Mon quartier est cher à mon cœur
Car il abrite maints poètes
Et les Muses toujours coquettes
Viennent chanter leurs noms vainqueurs !
D'un côté, coule le beau Rhône,
Ce roi des flots et des géants,
De l'autre, la dolante Saône
Qui trouve à Lyon son amant.
Et dans ce milieu populaire
Retentit le bruit des métiers
Qui tissent pour le monde entier
La soie aux vivantes lumières !

C'est le quartier cher à Jacquard
Où règne son œuvre maîtresse,
Qui donne à Lyon, sa richesse,
Sa renommée et son grand art!
Mon quartier domine la ville,
Baigné de soleil au levant,
Rosé par les feux du couchant :
C'est un endroit des plus tranquilles,
C'est la campagne et la cité,
Verts ombrages, sombres usines,
Jardins et magasins voisinent
Mais tout chante la liberté!
Chantez oiseaux dans les feuillages,
Ce berceau de fiers travailleurs
Qu'ennoblit leur constant labeur,
Ne redoutant plus l'esclavage.
Chantez l'amour dans vos chansons,
Muses, chantez de vos voix douces
Mon vieux quartier de la Croix-Rousse,
Où les cœurs sont à l'unisson!

. . . .

Mon quartier est cher aux poètes
Ainsi qu'à leurs Muses coquettes,
Car, découvrant tout l'horizon,
Il est propice aux visions!
Aussi les oisillons y chantent
Et la gaieté toujours vous tente,
Dans mon quartier tout est rieur,
Le doux bonheur chante en vainqueur!

Lyon, Mai 1928.

Notre Parc

O Lyonnais, chantons sa splendeur.

DEVISE :

J'aime admirer ton cadre enchanteur,
Parc qui charme les yeux et le cœur!

Parc de la Tête d'Or, ô grand parc magnifique,
Je veux chanter tout haut, ta beauté! ta splendeur!
Ton décor sans rival dans son art poétique
Qui charme tous les yeux par ses airs enchanteurs!

Ton lac tout moiré d'or sous le soleil qui brille
Avec tous ses canots qui glissent lentement,
Fait revivre Venise en ces heures gentilles,
Comme là-bas, ici, l'amour chante en ramant!

Les Cygnes, rois du lac, sillonnent l'onde claire,
Défilant noblement devant l'œil qui les suit
Pendant que le pêcheur, dans un coin solitaire,
Taquine les poissons qui se moquent de lui!

Tout autour, vert gazon, grands arbres centenaires
Forment de doux tapis et de rideaux épais
Où s'ébattent gaîment, libres hors des volières,
De petits oisillons qui chantent dans la paix!

De partout, par milliers, les fleurs de toutes teintes
Embaument la Nature en montrant leur beauté,
S'offrant à tous les yeux d'une grâce pas feinte
Car leur vie éphémère est toute de fierté!

De sentier en sentier, contemplant les merveilles,
Je vois dans mon grand parc un peu tous les pays;
Des animaux bruyants et d'autres qui sommeillent
Vivent pour notre joie à l'abri des fusils!

Et sous les bois touffus des cris, dans l'air, s'élancent,
Bizarres, de tous sons, tintamarre joyeux,
Qui veulent dire hélas, le saint mot espérance,
Car ces oiseaux lointains rêvent à d'autres cieux !

Coin curieux du parc que ce coin exotique
Où l'on rit de bon cœur souvent en s'instruisant,
En admirant les ours, les singes drolatiques,
Passe-temps suggestif des plus divertissants.

Sur le grand tapis vert des riantes pelouses,
Les enfants tout heureux s'amusent gentiment
Pendant que les mamans, en les surveillant, cousent
Et respirent l'air pur de cet endroit charmant.

C'est le lieu tant rêvé des belles promenades,
Chaque coin est plaisant, fait pour charmer les yeux,
Chants d'oiseaux, chants d'amours, chants joyeux des
[cascades,
Tout séduit en chantant dans ce parc merveilleux !

Tout chante ton éclat et ta magnificence,
O Parc majestueux dans toute ta grandeur
C'est le décor rêvé d'un doux lieu de plaisance
Qui fascine les yeux par son air enchanteur.

Toutes les voix d'amour, les voix de la Nature,
Chantent avec ferveur ton charme et ta beauté.
Les ondes, les échos de partout le murmurent,
Révélant aux Humains, Parc ! ta félicité !..

De cette renommée, ô Parc, mon âme est fière,
Mon cœur de Lyonnais t'admire, ô majesté !
Mon luth chante ton nom en poète sincère
Qui trouve près de toi l'heure de liberté
Pour rêver au bonheur de notre Humanité !

Lyon, Décembre 1927.

A Pierre Dupont

Vision.

En l'honneur de Dupont, pour son cinquantenaire,
Je veux vous révéler ce que virent mes yeux
Alors que promeneur et rêveur solitaire
J'admirais sa statue au jardin des Chartreux!..
C'était au gai printemps et la nature en fête
Gentiment souriait en ses jolis atours,
Quand un gazouillement me fit tourner la tête
Vers celui que nos cœurs aimeront bien toujours :
Je vis alors, amis, jugez de ma surprise,
Toute une légion de ravissants oiseaux,
Portant les uns des fleurs, d'autres fraise ou cerise,
D'autres encor, fougère et branches d'arbrisseaux.
De tout cela, parant notre illustre poète,
Avec un art divin ceignant son noble front
De ce beau diadème à la forme parfaite
Que la Nature offrait au grand Pierre Dupont!
Ainsi se succédant de semaine en semaine,
L'on vit passer les fruits, les fleurs de nos saisons,
Que les petits oiseaux, sans ménager leur peine,
Apportaient gentiment en chantant leurs chansons!
Ce doux manège, ainsi, dura jusqu'à l'Automne,
Heure où le vent commence à gémir dans les Pins,
Où la vigne sans fruits s'effeuille sous la tonne,
Où commence l'effroi des malheureux humains!

De son socle, alors je vis descendre la Muse,
Qui sur son front posa ses lèvres longuement,
Du bas-relief, monta l'air d'une cornemuse
Pendant que les grands bœufs mugissaient

[bruyamment.

Les carriers vigoureux chantaient taillant la pierre,
Les canuts sans arrêt, tiraient sur les battants,
Les tout petits enfants récitaient leur prière
Et l'onde du ruisseau murmurait ses doux chants!
Voilà ce qu'admira mon œil visionnaire :
La Nature fêtant notre grand chansonnier,
Couvrant son front de fleurs pour son cinquantenaire
Que le Génie, aussi couronne de lauriers!..
Amis, en ce grand jour tous nous ferons de même
En déposant nos fleurs au pied de son tombeau,
En lui disant tout bas combien notre cœur l'aime,
Combien nous admirons l'œuvre de son cerveau!

A sa mémoire immortelle,
Lyonnais soyons fidèles!
De tous nos cœurs vénérons
Le chantre Pierre Dupont!

Lyon, 25 Juillet 1920.

Le Soldat de la Paix

Dédié à Monsieur Edouard Herriot,
Ministre des Affaires Etrangères.

DEVISE :

Pour la joie et l'amour dans un juste destin
Paix, préside à la vie en guidant les Humains !

Il n'a pas, des anciens, la redoutable armure,
Pas de bonnet à poils, du temps de l'empereur,
Non plus des grands poilus la pesante coiffure,
Ni d'engins meurtriers qui sèment la douleur !
La bonté de son cœur remplace la cuirasse,
Ses fortes mains, ses doigts, ne serrent que l'outil
Qui prépare à coup sûr une meilleure race
Où la Paix règnera sans canons ! ni fusils !

Des stratèges hautains, non ! il n'est pas l'esclave,
Son guide au bon combat, s'appelle Egalité !
La guerre et ses douleurs tremblent devant ce brave
Qui défend avec foi toute l'Humanité !
Le bon Droit et l'Amour voilà ses frères d'armes,
La Paix et l'Amitié, la Solidarité
Accompagnent ses pas pour tarir maux et larmes,
Pendant que le soleil met partout la gaîté !

Sur l'Univers entier sa voix pure s'élève
Pour rappeler à tous les douceurs de la Paix,
Que le vert olivier doit remplacer le glaive
Et l'amour sur le monde épandre ses bienfaits.
C'est aux cœurs des Humains que cette voix s'adresse
Enrôlant dans ses rangs les peuples ennemis
Pour leur apprendre à tous les doux mots de sagesse
Qui rapprochent les cœurs et forment les amis !
Voilà le doux portrait du soldat magnifique
Qui veut pour le bonheur une ère pacifique !

Il est grand ! bien plus grand que le soldat ancien,
Son regard est doux, tendre autant que noble et sage,
Grand cœur, compatissant, bannissant l'esclavage
A tous il tend la main, c'est notre ange gardien.
Car sa douce amitié sincère et fraternelle
Soutient le malheureux dont la force chancelle,
Au nom de la Bonté, du Droit et du Progrès,
Voilà le rôle humain du soldat de la Paix !

Salut à toi, soldat d'une Paix fraternelle,
Qui, terrassant la guerre et ses sanglants forfaits,
A la vie, au travail ouvre une ère nouvelle.
Salut à toi soldat de l'éternelle Paix !

Lyon, Novembre 1924.

Les oiseaux aiment notre cité

Lyon a ses oiseaux fidèles
Qui changent suivant les saisons
Pour les beaux jours, c'est l'hirondelle
Qui choisit la même maison.
Et des oiseaux de tous plumages
Au même chant mélodieux
De nos quais couvrent les branchages
En charmant nos cœurs et nos yeux.
Quand ils nous quittent avec peine,
A l'approche des jours frileux,
L'on voit venir la blanche reine,
La mouette au vol gracieux.
Sous le ciel riant ou maussade
Lyon, foyer d'humanité,
A pour charmer ses promenades
Des oiseaux d'hiver et d'été!...

Les oiseaux aiment notre ville
Car le Lyonnais a bon cœur,
A notre voix ils sont dociles
Ils chantent pour notre bonheur!

Lyon, Juillet 1928

A Pierre Dupont,

Gloire et Immortalité.

A Dupont l'immortalité
Pour son œuvre d'humanité!

C'est dans notre Lyon, la cité glorieuse
Que s'éveilla Dupont au seuil du gai printemps
Au paternel foyer maison laborieuse
Où, le jour, travaillaient des maréchaux-ferrant
Son premier regard vit la forge flamboyante,
L'homme frappant l'enclume avec ses lourds marteaux
Peinant, le torse nu, la face ruisselante
Pour façonner son fer et ferrer les chevaux.
Du seuil de sa demeure il voyait couler l'onde,
Le beau Rhône passait dans son manteau changeant;
Le jour, reflétant l'or du soleil qui l'inonde
Et la nuit, sous Phébé, ses mille feux d'argent.
Mais, dans leur bâtiment, masse imposante et sombre,
Les humains affligés viennent cacher leurs maux
Et les archanges noirs qui profilent leur ombre
Happent des malheureux qu'ils portent au tombeau!
Pendant que sur le quai, parmi le vert feuillage,
Les oiseaux enchanteurs gazouillent gentiment,
Le Rhône, à leurs chansons mêle son bavardage
Que la Nature écoute avec ravissement!
Voilà ce que Dupont vit à sa première heure;
Labeur, beauté, douleur, nature et renouveau;
Le poète était né dans la rude demeure.
Et le génie ardent habitait son cerveau!

Pierre Dupont grandit, grandit avec sa flamme
Et son souffle puissant anima ses chansons;
Il y mit tout son cœur et toute sa belle âme
Pour charmer les humains et donner des leçons.
Tour à tour sa chanson berce, enchante, console;
C'est la nature en fête et ses nombreux échos,
Puis des mots de pitié recommandant l'obole
Et des mots glorieux pour chanter les héros !
Sa Muse harmonieuse avec amour caresse,
Ses poèmes vibrants mettent du baume au cœur;
Ses hymnes fraternels, appels à la sagesse,
Montrent le vrai chemin qui mène au Droit vainqueur !
Des humbles, c'est l'ami, pour eux chante sans cesse
Montrant les courageux efforts des artisans
Dont le dur labeur donne au pays la richesse,
Rivalisant d'ardeur avec les paysans.
Riche d'égalité, sa muse chante encore
Tous ces bons animaux, compagnons des humains,
Et la chaumière aussi que le gai soleil dore :
Chers tableaux familiers qu'il a si bien dépeints !
Mais modeste toujours, Pierre Dupont lui-même,
Appelle simplement ses chefs-d'œuvre chansons;
Ses « *Bœufs* », une ballade, ô profane suprême !
C'est poésie amis que nous la baptisons !
O Dupont, tes chansons resteront immortelles,
Purs joyaux pour nos yeux et pour nos cœurs bonté !
Ton génie éclatant de sa flamme éternelle
Brillera sur les arts de sa douce clarté !
Dupont, les Lyonnais, à ta muse fidèles,
Tressent de verts lauriers pour couronner ton front;
La gloire, sur Lyon, en ce jour nous rappelle
Pour l'immortalité, le nom cher de Dupont !
Et les petits enfants, de leur voix argentine,
Chantent avec amour, tes poèmes divins,

Aujourd'hui, c'est pour toi que leur âme enfantine
Délicieusement se berce à tes refrains !
Gloire à Pierre Dupont, notre illustre poète,
Amant de la Nature, orgueil de la cité
Que Lyon, aujourd'hui glorieusement fête,
Dont le nom appartient à la postérité !
Amis, gloire à celui que notre cœur vénère,
Gloire à Pierre Dupont pour son cher centenaire !

Lyon, Avril 1921.

Ode aux Monts du Lyonnais

O monts du Lyonnais aux légendaires cîmes,
Mes yeux émerveillés aiment vous contempler,
Dans votre grandeur majestueuse et sublime,
Non, aucune beauté ne peut vous égaler.

J'aime vos bois, vos forêts aux épais feuillages,
Vos arbres alignés comme de fiers soldats,
Vos gentils ruisselets aux ravissants langages,
Vos sentiers verdoyants où l'on va pas à pas.

Vos clochers haut perchés comme des sentinelles,
Surplombent les chemins aux blancs lacets sans fin
Et l'or du gai soleil décore les dentelles
Que forment sur les sommets les bois de sapins.

L'air vif et bienfaisant dans les poumons s'engouffre,
Assainissant le corps, donnant l'agilité,
Les heureux habitants, bah, d'aucun mal ne souffrent,
Durs comme leur rocher, ils gardent la santé.

O grands monts enchanteurs aux beautés
        [merveilleuses
Où chantent divinement l'onde et les oiseaux,
J'aime vos sommets dorés, vos cimes neigeuses
Car chaque saison a son charme et son tableau.

O monts du Lyonnais, ô superbes montagnes,
Aux pauvres citadins, ouvrez vos larges bras
Et dites-leur d'aimer les monts et la campagne
Où seul on trouve encor le bonheur ici-bas.

Monts, ô monts lyonnais aux immortelles cîmes,
Je prends mon luth en mains pour chanter vos
[beautés,
Votre riant décor dans sa grandeur sublime
Où souffle un air divin qui donne la santé,
La joie et le bonheur pour vivre en liberté.

Yzeron, 17 Juin 1926.

A Xavier Privas

Un Génie éclatant, un cœur plein de bonté
Tel fut Privas, chansonnier de l'Humanité !
. . . .
Tes bons yeux, ô chanson, se remplissent de larmes
Car tu pleures ce jour, de tes fils le meilleur
Et nous, les chansonniers, ses fiers compagnons
[d'armes,
Nous pleurons avec toi le plus noble des cœurs !

Dans le recueillement, au sein de nos demeures,
Nous redirons ses chants, ses vers si purs, si grands,
Et les yeux sur le cadran sa « *Chanson des Heures* »
Viendra nous rappeler les étapes du Temps !

Nos doigts agiles, sur les cordes de nos lyres,
Chanteront son nom synonyme de bonté,
Pendant que le Génie, au Peuple pourra dire :
Son talent, avec art servit l'Humanité !...

Nous tous, ô Lyonnais, pleurons notre poète
Car en lui la Cité perd un bien noble enfant
Dont le Génie avait auréolé la tête,
Récompensant ainsi la valeur de ses chants !

Fidèles amis, glorifions sa mémoire,
Avec ferveur chantons ses si belles chansons,
Xavier Privas ton nom restera dans l'histoire
Car ton œuvre est là pour éterniser ton nom !

Amis, ô salut à sa mémoire immortelle,
Gloire au grand Privas, à sa chanson éternelle !
Chansonniers, Lyonnais,
Ne l'oublions jamais !

Lyon, 8 Février 1927.

En regardant marcher une drague

A Madame Bach-Sisley.

La machine ronfle et va d'une allure fière,
La cheminée envoie au ciel ses flocons blancs,
Rrapla! la drague arrache au cœur de la rivière
Le sable et les cailloux qui forment de longs bancs.
La machine halette en sa marche tournante,
Rrapla! les godets pleins emplissent les bateaux,
Les actifs ouvriers, le cœur plein d'ardeur chantent
L'hymne au labeur qui charme l'air de ses échos!

Rrapla! rrapla la drague, arrache à la rivière
Le sable fin, le gravier et les blanches pierres!...

J'aime voir une drague en pleine activité,
Creusant, de ses godets, le lit de nos rivières
Pour donner le passage et la facilité,
A nos bateaux marchands dont la vie est prospère.
Aussi la drague est utile à l'humanité,
Prêtant à l'homme actif sa force et sa puissance,
Draînant sans arrêt pour rendre la liberté
A l'onde, que le gravier met en pénitence!

Son labeur incessant, fécond, a double effet
Puisqu'il redonne à l'onde sa marche première
Et le gravier, qu'ainsi dûrement elle extrait,
Sert aux Humains pour mille œuvres utilitaires!

Aussi, j'aime admirer son effort triomphant
Dans sa lutte ardente avec le sable et la pierre
Et voir ses godets déchirer à pleines dents
Les grands bancs de graviers qui barrent les rivières.

Et bercé par le bruit de son effort constant,
Longtemps je reste assis, près des flots, sur la grêve,
Regardant retomber les graviers lourdement,
Des godets aux chalands... puis alors seul je rêve !
J'entends toujours chanter la grande voix des flots
Redisant sans cesse à l'homme jeune : travaille !
Sois adroit de tes mains, lucide du cerveau,
Pour l'avenir, le fier labeur est la semaille !
      Rêve de vérité
        Sois pour l'Humanité !..
Rrapla ! rrapla la drague, arrache à la rivière
Le sable fin, le gravier et les blanches pierres !

Lyon, Octobre 1925.

L'Univers entier chante son nom.

" Gloire au bon Lamartine ! "

DEVISE :

Un grand cœur, un génie, une âme fraternelle,
C'est Lamartine illustre et su Muse immortelle!

I

Pour chanter ton grand nom toutes les voix sont
[prêtes,
L'Idéal et l'Amour, la Foi, la Charité
Tous les cœurs des humains dont tu fis la conquête
Fervents veulent chanter ton immortalité!
Du grand homme d'état, de l'orateur sublime
Du sage historien, du Publiciste ardent,
Mais surtout de ton art dont la pensée exprime
La bonté d'un grand cœur, celle d'un confident.

II

Poète, avec ces voix, bien d'autres voix encore
Veulent chanter ton nom, en souvenir de toi,
Car tu chantas pour tous, dans ta sublime aurore;
Que l'univers entier, des Grands, te sacre roi!
Ici, c'est l'oisillon, sur la tremblante branche,
Qui gazouille pour toi ses airs les plus câlins,
C'est la cloche d'airain dans son chant du dimanche
Qui redit ton grand nom de poète divin!

III

Là-bas, dans la forêt, à l'ombre des feuillages
Ce sont les fraîches voix des gentils ruisselets

Qui chantent ta grandeur dans leurs doux babillages
Pendant que les échos répètent les couplets!
Des voix, encor des voix, c'est la nature entière
Qui chante à l'unisson le nom du bien-aimé,
De celui qui chanta les beautés de la terre
En tendant les deux mains à tous les opprimés!

IV

Et là-haut, sous la voûte aux divines lumières,
Les doux anges des cieux chantent à demi-voix
Les mêmes beaux refrains que les voix de la terre
Car c'est le même amour qu'ils chantent à la fois.
Chante Immortalité de ta voix éternelle
Lamartine au grand cœur, ce poète divin,
O chante sa valeur et son œuvre immortelle,
Précieux testament cher au cœur des humains!

V

Chantons, Humains, chantons, chantons nous les
                                     [poètes
Son génie admirable et ses vers éclatants.
Glorifions son nom qui fit tant de conquêtes
Dans le cœur des Humains par ses chants triom-
                                      [phants!
Célébrons sa grandeur que l'univers proclame,
De son flambeau qui luit, admirons la clarté,
La bonté de son cœur brille dans cette flamme
Qui veut plus de bonheur pour notre Humanité!...

. . . .

A Lamartine, à ce grand Français
Gloire à son nom! ô gloire à jamais!

Lyon, 8 Avril 1928.

Chantons la Saône

A ma Mère bien-aimée.

I

Tu nous viens des vieux monts Faucilles,
Saône, après un bien long parcours,
De ta marche toujours tranquille
Tu viens charmer notre séjour;
Elégante en ta robe verte
Tu fais admirer ton beau corps
Que guette au loin le Rhône alerte
Pour t'unir à son noble sort!

II

Avant ta course vagabonde
Tu sais charmer les Lyonnais
Par ta voix qui jamais ne gronde
Mais susurre ses doux couplets!
Et sur ton onde hospitalière
Glissent doucement les bateaux,
Rendant les heures combien chères
De voguer heureux sur tes flots!

III

Saône! on aime longer tes rives
En admirant ton long ruban.
Et la joie est toujours bien vive
D'écouter tes merveilleux chants!

D'admirer ton corps qui caresse
Mousse, herbe verte et sable fin,
Pendant que sur les bords se dressent
Platanes, peupliers, sapins!

IV

Près de toi les cœurs sont en fête,
Dans tes flots se mirent les yeux
Et les ravissantes mouettes
S'y bercent d'un air gracieux;
Les voix clament à perdre haleine,
A tous les échos, ta beauté,
Les Lyonnais te sacrent Reine
Et te saluent avec fierté!

V

Saône! Saône! ô Saône tranquille
O coule, coulent lentement,
De tes flots égaye la ville,
Charme toujours ses habitants,
Coule! coule, ô Saône jolie,
De tes chants berce notre vie.

Amis, chantons la Saône et sa beauté,
Noble parure de notre Cité!

Lyon, 28 Août 1917.

Ode à Cibeins

Hommage au grand citoyen E. Herriot.

Peuple il n'est de meilleur remède à la misère
Que le retour en grand des Humains à la terre!

Cibeins, hier inconnu ton nom devient lumière
Car un homme a compris que ton parc merveilleux
Pouvait servir à d'autres buts que pour les yeux,
Démontrant que la vie heureuse est à la terre
En apprenant la culture et ses grands travaux
Qui forgent le bonheur en éloignant les maux.
C'est ainsi que, passant d'un rôle secondaire
De plaisir, d'agrément, au rang utilitaire
D'école d'agriculture, formant des gas
Pour le sol nourricier qui, lui, manque de bras!
C'est dans ton vaste parc à la terre féconde
Que les gas des cités apprennent leur métier,
Prenant goût au labeur en chantant à la ronde
Que la vie au grand air est mieux qu'à l'atelier.
Apprentis paysans, cette ardente jeunesse
Jette dans les sillons le grain à pleines mains.
Puis la récolte vient en donnant ses largesses,
Récompensant l'effort de ces vaillants humains!
Ainsi chaque saison apporte son offrande :
Le gai Printemps, ses fleurs, sa luzerne, son foin.
L'Eté ses moissons d'or, cette humaine commande
Dont la vie elle-même a constamment besoin!
L'Automne ses beaux fruits qui joyeusement pendent

Aux arbres, aux vieux ceps en globes merveilleux,
Fruits qu'appellent les yeux pour les lèvres gour-
[mandes
Désirant savourer leur jus délicieux!
La terre forme ainsi l'homme à ses exigeances
Mais lui donne, en retour, le bonheur, la santé,
Ranimant son ardeur du doux mot espérance!
Car la terre nourrit par sa fécondité!...
De Cibeins, comprenez les réels avantages
Vous, jeunes citadins, qui voulez être forts,
Puis, vivre en liberté, redoutant l'esclavage,
Au vieux sol nourricier apportez votre effort.
Les ris aux yeux, le cœur plein de reconnaissance,
Dans un hymne d'amour chantez le noble nom
De celui qui permit ce rêve d'espérance,
De redevenir laboureur ou vigneron!
Echos de Cibeins, susurrement d'onde pure
De gazouillis d'oiseaux et de léger zéphyr,
Unissez-vous aux grandes voix de la Nature
Pour glorifier l'homme en qui l'Agriculture
Trouve un guide si précieux pour l'avenir!
Ecoliers, répétez de vos voix enfantines
Gloire au grand Herriot, à ses heureux bienfaits,
Qui veut pour les Humains dans une ère de paix
Le bonheur au foyer, quand la joie illumine
Les yeux et les bons cœurs de ses divins attraits!
Dans les ris, dans les chants, bercé par l'allégresse,
O Cibeins, reçois l'hommage de la jeunesse!
Et vous, grand citoyen qui rêvez de bonheur,
Les mots les plus ardents qui montent de nos cœurs!

Lyon, 1927.

Hommage à Pasteur

A Pasteur l'Immortalité.
Pour son acte d'Humanité!

De toute ma voix de poète humanitaire,
Pasteur, je veux aussi chanter ton centenaire,
Glorifier l'illustre et vénéré savant,
Qui sut par un labeur parfois même écrasant,
Inventer le sérum qui sauve de la rage
Tous les ans des milliers de malheureux humains
Qui sans remède, avant, succombaient en chemin;
Mais, grâce à toi, Pasteur! tous, conserve courage!

Le berger n'a plus peur en gardant son troupeau
Que le destin méchant frappe l'ami fidèle
Et, qu'à son tour, hélas! la morsure cruelle
Le couche pour jamais dans un étroit tombeau!

L'aveugle, le vieillard, tous ceux que le chien guide
Et les petits enfants que le bon chien défend,
Grâce à ton cher sérum, le sauveur triomphant
Ne traitent plus le chien comme un ami perfide!

Tous les cœurs, à ton nom, oui, vibrent de fierté!
Que ce soit un enfant de notre chère France
Qui sauva de la mort, de l'horrible souffrance,
Tant de gens qu'emportait cette calamité!

Gloire à toi, grand Pasteur! qui consacra ta vie,
Pour le bien des Humains, à combattre un fléau,
Ton nom sur l'Univers brille comme un flambeau,
Et la gloire, ô Pasteur, couronne ton génie!

Et pour lui, nous, pauvres humains,
Redisons ces humbles quatrains,
D'une voix émue et sincère,
Comme un enfant fait sa prière!...

Au sauveur de l'Humanité
Gardons notre reconnaissance,
Vénérons cet enfant de France
Ami de la Fraternité!
Et comme une douce caresse
Amis, tous, répétons sans cesse
Avec nos cœurs, avec ferveur,
Honneur et gloire au grand Pasteur!

Lyon, 3 Décembre 1922.

Sous les platanes de nos Quais

REFRAIN

Sous les platanes de nos quais,
Quelle charmante promenade,
Sous le soleil, il y fait frais,
Le Rhône s'y montre coquet;
L'oiseau chante sa sérénade :
Sous les platanes de nos quais,
Quelle charmante promenade!

PREMIER COUPLET

Sous les platanes de nos quais,
Tant que durent les verts feuillages,
Ce n'est que babillages gais
De petits, de grands personnages;
Dans les branches, à pleine voix,
Les gais petits oiseaux y chantent,
Aussi joyeux que dans les bois
Car les feuilles sont abondantes.

2ᵉ COUPLET

Sous les platanes de nos quais,
Quand la lune épand sa lumière,
Les amoureux à pas discrets
Font leur promenade si chère;

Ils échangent de doux serments,
Pendant que les feuilles frissonnent
Sous le souffle léger des vents
Et que le Rhône ardent bouillonne!

3ᵉ COUPLET

Sous les platanes de nos quais,
Quand Phébus joyeusement brille,
Il y fait doux, il y fait frais,
L'enfant gentiment y babille,
S'amuse et joue avec ardeur
Admirant cette allée ombreuse
Où l'on conserve sa vigueur
Malgré la chaleur rigoureuse.

4ᵉ COUPLET

Sous les platanes de nos quais,
Les bons vieillards cherchent refuge,
Prenant pour bancs les parapets;
Assis ainsi nos bons vieux jugent
Passé, présent et le progrès :
Que d'espérances, de chimères,
Mais ils sont heureux sur les quais,
C'est le plus beau coin de la terre.

Lyon, 14 Août 1920.

A Camille Roy!

Glorifions son nom.

Recueilli devant ton image,
Maître, je crois ouïr ta voix
Qui me parle comme autrefois
En son poétique langage.
C'est le chant du doux souvenir
Qui, dans cette heure grave et chère,
Vient du cœur comme une prière
Pour te louer, pour te grandir.
Et de tes œuvres immortelles,
Mon cœur ému, mes doigts tremblants,
Tournent les feuillets lentement
Pour lire les pages si belles.
Alors, pieusement, j'en épelle les noms,
Devant mes yeux rêveurs c'est tout l'hier qui passe,
J'entends ta voix d'apôtre égrener ses chansons,
Chant divin d'une Muse ardente et jamais lasse;
Les titres flamboyants passent devant mes yeux :
Chansons d'Amours, *Les Monts* le glorieux *Quand*
[*Même!*

Les Baisers, *Au Pressoir* aux chants harmonieux,
Ma Maison, chant divin où règne le mot : j'aime,
C'est *Prière* et *La Terre* en passant par *Tes Yeux*,
Dans la Forêt, *Les Fleurs*, la *Chanson* toute rose,
Et cent autres encore aux flots mélodieux
Forment de la chanson la vraie apothéose.

Je voudrais de ma voix lancer aux doux échos
Tous ces titres aimés que la gloire soulève
Car mon énumération est bien trop brève,
Je voudrais les citer tous, car tous ils sont beaux.

Mais ton nom radieux, gravé sur cette pierre,
Rappellera toujours aux fidèles passants,
L'homme bon qui chanta pour la Nature entière
Ses couplets, ses chansons aux refrains caressants.

Et, près du grand Dupont, dont tu fus un fidèle,
Ton image se dresse, en ce coin enchanteur,
Comme lui ta mémoire est pour nous immortelle,
Camille Roy, ton nom est gravé dans nos cœurs!

Fidèles à ton nom, saluant ta mémoire,
Tes amis, fiers de toi, chantent avec amour
La Poésie et la Chanson qui font ta gloire
Et que respectueux nous chanterons toujours!

Gloire à Camille-Roy, chansonnier et poète,
Qui fait vibrer nos cœurs au chant de ses chansons.
Pour lui, chantez! chantez! gais Pinsons et Fauvettes,
De vos chants saluez, glorifiez son nom
De vénéré poète et d'enfant de Lyon!

Lyon, 3 Mai 1924.

Noël! Noël! Pérouges toujours

Noël! ô Pérouges en cette nuit mystique
Combien curieux apparait ton cadre antique
Avec ses vieux remparts, ses portes et sa tour
Qui parlent des vieux ans avec des mots d'amour.
Souvenir du vieux temps évoquant maints mystères
Que pourrait nous conter toutes ces vieilles pierres,
Confidentes d'instants d'espérance ou d'ennui
Où les rêves allaient se perdre dans la nuit
Et c'est toi Pérouges, cité moyenageuse,
Qui rappelle à nos yeux ces choses du passé,
Toi dans ton beau décor si finement brossé
Que voudraient profaner tant de mains odieuses!
Non, Pérouges nos yeux ne verront pas cela
Tu resteras debout, chassant le sacrilège,
Et tu présideras Noël et son cortège
Pendant que nous dirons oui! Pérouges est là!

C'est Noël! chante Humain l'espérance et la vie,
Du passé réveillons tous les gens endormis
Pour revivre encore en la vieille hostellerie
Les heures du passé dans cette ultime nuit!

Pérouges, ô Noël! la foule en long cortège
Fait le tour de tes murs les flambeaux à la main,
O Noël! ô Noël sur Pérouges il neige
Amis c'est bien Noël en son décor divin!
     Dans le lointain, le cor résonne,
     Au vieux beffroi la cloche sonne,
     La neige tombe dans la nuit;

Bravant la tempête neigeuse
Pérouges la moyenâgeuse,
De ses voix joyeuses redit :
Noël! Noël, il est minuit!

Ames des Vieux tressaillez d'aise,
Pérouges reste sur son mont
Car elle a vaincu le démon
Et toutes ses pensers mauvaises;
Dans tous les yeux le bonheur luit
Noël! Noël! il est minuit!

Lyon, 12 Novembre 1926.

Ode aux Jardins Ouvriers !

Aux Ouvriers Lyonnais.

PREMIER REFRAIN

Fils de paysans perdus dans la ville,
Ah ! réjouissez-vous d'être un peu jardinier ;
Avec amour dans cet art difficile
Préparez la grandeur des jardins ouvriers,
Le retour de l'homme à la terre
Pour une existence prospère,
C'est ce but noble et sain qu'il faut glorifier
En louant l'artisan du jardin ouvrier !

I

Il est réconfortant de voir,
Dans les cités laborieuses,
Après le dur labeur, le soir,
Des équipes toutes joyeuses
D'artisans, d'humbles ouvriers,
Se diriger vers la campagne,
Se transformer en jardiniers,
Aidés même par leur compagne.

II

Cultivant légumes et fleurs
Pour rapport et pour se distraire,
Vaillants ils triment de bon cœur
Faisant bien et voulant mieux faire

Et c'est ainsi tout pour le mieux,
La santé devient florissante,
Loin des cafés, des mauvais lieux,
C'est la vie heureuse et charmante!

III

Dans la fraîcheur c'est la gaîté
Quand ils dînent sous les tonnelles,
Malgré le dur soleil d'été,
Car les branches servent d'ombrelles.
Dans leurs yeux luit le vrai bonheur
En voyant la nature en fête
Et l'espoir renait dans leur cœur,
Pour la vie aux champs ils s'apprêtent!

IV

Le jardin, pour nombre d'enfants
Est le passe-temps qu'ils préfèrent,
C'est mieux de jardiner gaîment
Que de jouer au militaire.
Puis, chaque gone a son jardin
Ainsi, prenant goût à la terre,
Demain il prendra le chemin
Pour habiter une chaumière!

DEUXIÈME REFRAIN

Béchez, semez, aimez la terre,
La vie aux champs c'est la santé,
Faites vos jardins, prolétaires,
C'est le bonheur, la liberté!

Lyon 14 Août 1927.

O Rhône Majestueux !

DEVISE :

Rhône majestueux
Charme toujours nos yeux.

Salut et gloire à toi, Rhône majestueux
Qui, tout en chantonnant, coule devant mes yeux,
J'aime ta robe changeante
Que la pâle lune argente
Ou que paillette d'or le soleil radieux.
O roule, roule sans cesse,
Donne à Lyon ta caresse,
O Rhône majestueux,
Roule encor devant mes yeux.

Rhône, au matin, quand je m'éveille,
C'est toi que j'entends le premier,
Ton chant fier charme mon oreille,
Heureux, je quitte l'oreiller
Pour te voir j'ouvre ma fenêtre,
J'admire tes flots enchanteurs
Et tressaille de tout mon être
Devant ta sublime grandeur.

Matinal, Phébus fait de même
Et mire son or dans tes flots.
O roi géant, c'est toi qu'il aime
Car c'est toi Rhône le plus beau,
Le plus rapide et plus robuste
De tous les grands fleuves français
De tous aussi le plus auguste
Car ta force fait ton succès.

Mais souvent tu fais à ta tête,
Laissant voir tous tes cailloux blancs,
Refuge aimé de la mouette
Qui va volant de banc en banc.
Mais je tremble quant tu te fâches,
Quand tu désertes ton grand lit,
L'inondé t'appelle alors lâche,
Repentant, tu te fais petit.

Oublions l'heure de colère
Que t'infligent les éléments
Pour contempler ton œuvre fière,
Dur labeur de tous les instants
Car, vaillant, tu prêtes ta force
Pour les travaux d'utilité,
Pour le transport, ton noble torse,
Sans nul souci de ta beauté.

Rhône, ô Rhône, c'est toi que j'aime,
Toi seul charme mes pauvres yeux,
Chante encor, le jour, la nuit même,
Roule et chante tes airs joyeux.
Que de jour le soleil te dore,
La lune t'argente les nuits,
Comme Lyonnais je t'adore,
Comme poète, te bénis !

O roule, roule sans cesse,
Donne à Lyon ta caresse,
O Rhône majestueux,
Roule en chantant sous les cieux !

Lyon, 15 Août 1920.

Dans mon Verger

A ma Muse, ma compagne fidèle.

I

Dans mon verger, ô que de choses,
Des fruits, des oiseaux et des roses,
Au premier souffle du Printemps,
Quand le soleil dore la plaine,
Sous les fleurs, je passe mon temps.
A petits pas, je me promène,
En contemplant jusqu'à la nuit,
Mes fleurs qui se changent en fruits!

II

Avec Juin, voici les cerises,
Le foin dont le parfum vous grise,
Gentilles faneuses, faucheurs,
Qui pendant les heures de sieste,
Sous mes arbres pleins de fraîcheurs,
Grapillant tous de leurs mains lestes
Les bons fruits si délicieux,
Qu'ici, fait pousser le bon Dieu.

III

Voici l'été, voyez la plaine,
Couverte de blé, bonne aubaine,

Mon verger est couvert aussi
De pêches veloutées et fines
Et de gros abricots roussis;
Tous formant des voûtes divines
De merveilleux fruits sans pareils,
Qui mûrissent sous le soleil!

IV

Fini l'Eté, voici l'Automne,
Et tous les trésors de Pomone,
Les ceps chargés de doux raisins,
Noirs ou blancs prêts pour la vendange
Qui donne le généreux vin,
Que l'Univers entier louange,
Ils n'en n'ont pas à l'étranger
De tous ces fruits de mon verger.

REFRAIN

Mon verger, c'est tout mon bonheur,
C'est le vrai paradis terrestre,
Les oiseaux de toutes couleurs,
Forment un ravissant orchestre
O c'est le bonheur divin.
Tout pousse dans mon jardin,
Les fleurs, le raisin sous la tonne,
Fruits de printemps et fruits d'automne
Mon verger, je l'aime bien!

Loire 1914.

Ode à Pasteur,
Bienfaiteur de l'Humanité

Dédiée aux Ecoliers de France.

I

En cette heure de centenaire
Où le monde entier recueilli
Vénère sa mémoire chère
France : ton cœur a tressailli.
C'est ton fils, ce glorieux homme
Tout imbu de Fraternité
Et que pieusement on nomme
Bienfaiteur de l'Humanité.

II

Ah petits Ecoliers de France
Admirez son œuvre en ce jour
Toute de labeur, de science,
Pour arriver plus haut, toujours.
Et, travailleur infatigable,
Son cerveau plein d'activité
Pour les humains est secourable
Car il vainc la calamité.

III

Et son génie incontestable
Et la grandeur de ses travaux
Font de cet homme charitable
Un symbole, un divin flambeau.
Oui, Pasteur éclaire le monde
Par la grâce de ses bienfaits
Son grand nom de clarté l'inonde
Et Pasteur, enfants, est Français.

REFRAIN

Chantons, petits amis de France,
Le nom vénéré de Pasteur,
Nom de génie et de science
Qui sut vaincre par le labeur,
Redonnant à tous l'Espérance,
Santé, Richesse et le Bonheur...

Au grand savant sublime,
D'une voix unanime.

Chantons Pasteur. Pasteur. Gloire. Immortalité.
Au grand Français, Bienfaiteur de l'Humanité.

Lyon, 25 Décembre 1922.

Ce que chante ce Ruisselet!

A Marie-Rose.

REFRAIN

J'aime ce gentil ruisselet
    Qui chante, qui chante
    Refrains et couplets
Dont les airs charmants vous enchantent.
    O ruisseau Sifflet,
Pour nos cœurs joyeux chante! chante!

I

O son parcours n'est pas bien long
Des coteaux de Loire, à la Lône
Un nain, qui, sans prétention,
Tout entier se donne au grand Rhône;
De ce gentil petit ruisseau,
Amis chanteurs, voilà l'histoire
Harmonisons ses doux échos
Pour chanter les beautés de Loire!

II

Il vous dira dans ses doux chants,
Qu'il arrose un beau coin de France
Rieur, du Levant au Couchant
Où tout pousse avec abondance

Vergers aux fruits délicieux
Qui couvrent la campagne entière
Car chaque heure charme les yeux
Dans une existence prospère.

III

Il vous dira dans ses chansons,
En glissant sur son lit de mousse,
Que clair apparaît l'horizon
A Loire où la vie est si douce;
C'est pour cela que gai toujours
Il chante en sa course éphémère
La beauté, la joie et l'amour
Qui règnent sur ce coin de terre!

IV

Chante, ô beau ruisselet d'amour
Avec les voix de la Nature
Loire et ses jolis alentours
Qui dessinent cette parure;
Chante ce pays enchanteur
Ruisselet à la voix rieuse
O chante pour bercer les cœurs
Chante Loire et sa vie heureuse!

Loire, 30 Octobre 1927.

A Lamartine !

Je voudrais te chanter, noble et pur Lamartine,
Toi, qui chantas si haut pour le bien des Humains,
Téméraire peut-être oui, mais ma foi divine,
Pour ton œuvre et pour toi, me guidera la main !

Inspiré comme toi d'un don de la Nature,
Je connais la beauté du poète rêveur
Mais aussi la souffrance et l'horrible torture
Car le poète, ami, compatit au malheur !

Que de fois en lisant tes pages émouvantes,
J'ai souffert avec toi cet injuste destin,
Admiré ton courage aux heures d'épouvante
Car, confiant en Dieu, tu suivais ton chemin !

Tu fus grand, Lamartine et ton nom nous honore,
Ton nom est un flambeau qui luit sur l'Univers,
C'est l'œuvre d'un bon cœur que personne n'ignore
Où le génie éclate en de sublimes vers !

Fidèle à ta penser, c'est la nature entière
Qui veut te faire aimer, toi qui chantas si bien.
C'est le chêne géant, la Forêt, la Rivière,
L'oiseau, la Fleur, tous ceux dont tu fus le soutiens !

Puis, c'est l'Humanité toujours reconnaissante
A ses fiers défenseurs, qui proclament ton nom !
Car pour Elle ta voix était compatissante
Et les cœurs d'aujourd'hui toujours s'en
[souviendront

Poète ta mémoire illustre est immortelle !
Et les Peuples heureux toujours te chanteront !
A ton nom, à ton œuvre on restera fidèle
En admirant la Muse orner ton noble front !...

Je t'offre ô grand Poète avec un cœur qui t'aime
Ce simple chant d'ami que je voudrais quand même
      Savoir arriver jusqu'à toi
      Maître, pour te prouver ma foi !

O Poètes, chantons gloire au bon Lamartine
Et dans nos cœur gardons toujours la foi divine
      Pour son génie et son talent
      Qui le font grand parmi les grands !

Lyon 1923.

A Pérouges,
Noël joyeux il est minuit !

Noël, Noël la cloche sonne,
La neige tombe dans la nuit,
Sous la bise le corps frissonne,
Noël! Noël! il est minuit!...

Dans ce décor d'hiver et de neige,
Mes yeux se ferment et je revois
Pérouges encor comme autrefois
Avec son moyenâgeux cortège,
Pendant que les sabots bressans
Ecrasent la neige en marchant,
Plus d'un cœur amoureux soupire
Aux accents d'une tendre lyre
Que tient la muse des amants!..

Si je connaissais le langage
Pour tenir conversation
Avec les pierres des maisons
Qui virent tant de personnages
De toutes générations.
Combien apprendrais-je d'histoires,
De beaux pages ou de manants
Qui furent héros d'un moment
Un soir de Noël, après boire!
O combien de contes charmants
Me rediraient ces vieilles pierres
En évoquant maintes prières
Entendues pendant ces longs ans!

Amis, si je pouvais l'écrire,
Mettre ces notes en chansons
Pour les soirs de gais réveillons
Nos cœurs d'amants voudraient bien rire,
Mais les pierres ne m'ont rien dit
Et le vent froid glace ma lyre,
Mes doigts gelés sont engourdis,
Noël d'amour, mon cœur soupire !

Noël ! la foule s'esbaudit
Dans les ruelles tortueuses
Aux reflets des torches fumeuses,
Noël joyeux il est Minuit !
Les lourds sabots foulent la neige,
En chantant passe le cortège
Il est Minuit, Noël joyeux,
Mets du rire dans tous les yeux !

Lyon, Décembre 1925.

La Place des Terreaux

O pouvais-je vanter tous les coins de la ville
Sans te magnifier, ô place des Terreaux
Qui recèles en toi la maison des Ediles,
Le bon cœur de Lyon et son vibrant cerveau!

Ton cadre est sévère et pas la moindre verdure
De menus orangers pour un séjour d'été
Mais la sobre grandeur de ton architecture
Suffit pour montrer ton artistique beauté!

Dominant tout, d'abord c'est notre Hôtel-de-Ville
Ses dômes, ses statues, son joyeux carillon,
Magnifique palais, en histoires, fertile
Car depuis de longs ans, c'est l'axe de Lyon!

Abritant le Musée et toutes ses merveilles.
C'est le Palais des Arts et son cadre enchanteur
Aux salons renfermant des beautés sans pareilles
Qui fascinent les yeux en caressant le cœur!

Puis, sous les noirs coursiers dont les naseaux
[écument
L'onde joyeuse chante en son étroit bassin
Pendant que voletant sur l'immense bitume
Les confiants pigeons mangent dans votre main!

Si dépourvue, hélas! d'un kiosque à musique
Malgré tout, les concerts ne te font pas défaut
Après les orphéons, pour donner la réplique,
Ce sont les cuivres des retraites aux flambeaux!...

Place des Terreaux, j'aime ton cadre sévère,
Tes monuments anciens qui charment tous les yeux
Ta grandeur, ton histoire à notre âme si chère,
Ton hospitalité pour l'astre de ces lieux!

Chantez! chantez! ô voix de la fontaine,
Pour la Place des Terreaux cette Reine!

Lyon, Août 1928.

Honneur au Poète Démocratique

« Vision »   Ponsard préside son centenaire

Tous debout, braves gens du Dauphiné de Vienne,
Mânes de nos aïeux tressaillez en ce jour,
Pour lui réveille-toi vaillante ville ancienne,
Pour fêter ton enfant digne de ton amour.
Ponsard fut un grand cœur : ouvrit souvent sa bourse,
Souffrit beaucoup de voir les peines d'ici-bas,
Des larmes il voulait en arrêter la source
Mais les humains hélas ne l'entendirent pas.
Sans se décourager, il lutta par la plume,
Voulant par ses écrits attendrir tous les cœurs
Pour que le pauvre aussi trouve moins d'amertume
Et prenne place enfin, aux côtés des vainqueurs.
Oui, Ponsard, aujourd'hui préside cette fête.
Le voyez-vous, là-haut! sur le mont de Pipet;
Il est là, le penseur, voyez sa noble tête,
Souriant à la foule en ce beau jour de paix.
Puis devant son regard, passe la Vienne antique
Avec ses monuments, ses marbres, son forum;
La foule se pressant, sous l'immense portique,
Acclamant l'empereur dans le vaste atrium.
Ici règne César, oui c'est l'ère romaine,
C'est Vienne grandiose en son luxe doré.
Mais pour le malheureux capitale inhumaine
Aussi périt César et son règne abhorré.

Enfin, plus près de nous c'est l'époque moderne,
Ici c'est la terreur, la révolution;
Le peuple toujours las de celui qui gouverne,
Se lève pour son droit, gloire à la nation!
Oui, voilà ce que voit le vaillant démocrate,
Le grand républicain, le penseur généreux
Qui défendit le droit et flétrit l'autocrate,
En désirant pour tous un monde plus heureux.
Mais, en ce jour de fête, ô vois vénéré maître
A tes pieds tes amis présents au souvenir;
Saluer dignement leur bien illustre ancêtre,
Promettant sagement de toujours revenir.
S'associant à nous, le printemps, la nature,
Le Rhône magnifique aux flots impétueux,
Harmonise son chant et roule en doux murmure,
Voulant pour ce grand jour être respectueux.
De partout entendez là dans les gais ombrages,
Les oiseaux gentiment gazouillent leurs chansons,
Unissant leurs doux chants à nos fervents hommages,
Heureux en ce beau jour que nous applaudissons.
Les cœurs sont à la joie et la ville en liesse;
Chantons gloire à Ponsard, en ce grand renouveau.
Inclinons-nous devant le chantre de Lucrèce,
Honneur au grand savant pour son culte si beau.
Dignement groupons-nous, autour de son image,
Tous sans distinction, bourgeois comme artisans,
Jurons que sa bonté sera notre héritage,
Que pour les malheureux nous serons bienfaisants.
Pour cet homme de bien, orphéons, harmonies,
Chantez avec amour, cet hymne de la paix,
Aux sons mélodieux des douces symphonies,
Charmez doux chants, montez sur le mont de Pipet,
Dites-lui notre amour, parlez-lui de tendresse,
Du souvenir charmant que nous gardons de lui,

Que son regard divin est pour nous la caresse
O bonheur infini nous l'avons aujourd'hui.
O beau jour de triomphe et d'heureux centenaire,
Glorifions Ponsard le savant, l'immortel;
N'oublions pas qu'il fut poète humanitaire,
Honorons sa mémoire en ce jour solennel!

Ste-Colombe-les-Vienne 1914.

Chantons l'heure de la frondaison

A mes Cousins Rougerie.

I

Avril sourit et mon cœur chante,
C'est l'heure de la Frondaison,
Ce premier gai soleil vous tente,
L'on aime fouler le gazon.
C'est le retour de l'hirondelle,
Les concerts des petits oiseaux,
De la gaieté l'aube nouvelle
Qui vient charmer par ses échos!

II

Sous le soleil les feuilles poussent,
Les arbres deviennent coquets,
Les oisillons de leurs voix douces
Chantent une ode à la forêt!
Dans l'onde claire qui susurre,
Se mire le joli muguet
Pendant qu'à Dame la Nature
La Cascade dit ses couplets!

III

Au pied d'un arbre, la bergère
Chante en gardant ses blancs moutons,

En attendant l'heure où Jean-Pierre
Viendra dire aussi sa chanson.
Et sous la naissante ramure
S'unissent les cœurs et les voix
Pour chanter l'hymne à la Nature
Qui produit de si doux émois!

IV

Avec ces voix enchanteresses,
Chantons Humains, chantons gaîment
Cette heure qui donne l'ivresse
Avec tous ces trésors charmants.
Chantons le Printemps qui se lève,
Son admirable frondaison,
En demandant que ce doux rêve
Soit l'éternelle vision!

REFRAIN

Muse d'amour, chantons ma belle!
Mettons nos secrets en chansons,
C'est l'heure de la frondaison,
Que cette heure soit éternelle
Pour garder son divin Printemps.
Et son amour longtemps! longtemps!

Lyon, Avril 1928.

Solidarité !

A mes Camarades de l'Amicale des Artistes Lyonnais.

O Solidarité! mot éclatant, sublime,
O doux nom, fait d'amour, pour la juste équité,
Simple effort mutuel pour le droit légitime
Qui rend les cœurs plus grands dans la Fraternité!
C'est ainsi que charmé par ta toute puissance,
O solidarité! j'ai réchauffé mon cœur
En voyant tes efforts et ta persévérance
Pour aider les humains et les rendre meilleurs.
C'est toi qui, jour et nuit, veille sur la misère,
Loin des palais dorés, d'où l'on ne la voit pas
Soulageant les meurtris qui végètent sur terre,
Et les petits enfants qui n'ont plus de papas!
C'est toi, toujours toi, l'ange en qui le peuple espère
Qui réchauffe les cœurs des pauvres sans maison,
Qui donne le bonheur au sein de la chaumière
D'où la belle gaîté se traduit en chanson.
C'est toi qui réconforte avec ta voix humaine,
Les cœurs affligés par la sombre adversité!
Et fait renaître encor l'espoir après la peine
Eclairant l'avenir de sa pure clarté!
O solidarité! préside à la sagesse,
Abrite les humains sous ton large manteau;
Aux chers déshérités prodigue ta caresse
En rappelant aux sourds ton idéal si beau!
Fièrement, dresse-toi, devant l'homme égoïste,
Montre-lui le chemin de la Fraternité!

Dis-lui que sans l'amour du bien la vie est triste
Car le bonheur naît de l'éternelle bonté !
O Solidarité, réponds à ma prière,
Répands de plus en plus tes merveilleux bienfaits,
Réunis sous ton nom les peuples de la terre
Pour le bien des Humains et le bonheur parfait !...

Vous aussi, mes amis, écoutez ma prière,
Pour le bonheur prêchez la solidarité,
Cette œuvre admirable et vraiment humanitaire,
Qui donne à tous les cœurs joie et félicité !
   Et fier de sa belle devise,
    Que chacun ici-bas redise :
Amis ! fraternisez tous dans la Liberté !
Sous les rayons d'or de la Solidarité !

Lyon, le 11 Décembre 1920.

Les Echos

A Pierre Dupont.

C'est au seuil du printemps, en notre cité chère
Que Dupont vit le jour pour la première fois,
Mais les ans ont passé, c'est son cher centenaire
Que fidèle aujourd'hui, veut célébrer ma voix !

C'est près de toi, Dupont, que ma main frémissante
Ecrit ces chers feuillets que lui dicte mon cœur,
Mais trop faible est ma voix que je voudrais puissante
Pour chanter les exploits de ta Muse vainqueur !
Et c'est là, recueilli dans ce nid de verdure
Que j'interroge encor les échos du passé
Où ta voix, chantre aimé, célébrait la nature
En de sublimes vers qui nous ont caressés.
En ce coin des Chartreux où règne le silence,
J'entends monter l'écho de ravissantes voix ;
Echos retentissant de tous les coins de France
Qui rappellent les chants du maître d'autrefois
Là, c'est le laboureur qui chante avec ivresse
« Les Bœufs » en conduisant les siens à travers
[champs,

Pendant qu'en dégustant le vin qui le caresse
L'homme vante avec feu « La Vigne » en de doux
[chants !

L'enfant en s'amusant fredonne ce qu'il aime
Les Fruits délicieux dont, « Les Fraises des Bois »,
« Les Cerises », aussi « La Soie » orgueil suprême
De Lyon qui charma toujours peuples et rois.
Pendant qu'à l'atelier la cousette jolie

Travaille habilement avec ses doigts mignons,
Chantant « L'Aiguille » avec amour car c'est sa vie
Que nous conta Dupont en de si jolis tons.
Le canut matinal chante avec énergie
Les hymnes fraternels que Dupont cisela
Sous le flambeau divin que tenait le Génie
Quand la gloire à nos yeux : bien grand le révéla.
Et là-bas sous l'ombrage une voix caressante
Chante divinement avec amour profond,
C'est la Saône, ô déesse, ô beauté frémissante,
Miroir sans pareil où se regarde Dupont,
Pendant que sur la berge, avec force s'élève
Le chant si martelé des vigoureux rouliers.
Alors de Couzon, dès que le soleil se lève
Retentit sous le ciel, le chant fier des « Carriers » !
« Les Pins » et « Les Sapins » sous la brise qui passe
Chantent l'amour des bois et de la liberté;
Et « Le Chêne » géant, roi de l'antique race
Célèbre avec orgueil la gloire et la beauté!
Les oisillons joyeux gazouillent sur les branches
Répétant follement leur refrain enchanteur,
Les papillons dorés volent sur les fleurs blanches
Pendant que chante encore le ruisselet jaseur.
Et toujours attentif, j'écoute avec ivresse
Ces merveilleux échos qui réchauffent mon cœur.
O! Chant harmonieux qui doucement caresse
Montrant à tous l'amour de la chanson vainqueur
En ce jour glorieux de ton fier centenaire,
J'entends d'autres échos qui montent de Lyon
Pour célébrer tout-haut le Maître populaire
Qui, des vrais Lyonnais fait l'admiration!
Avec joie, ô bonheur, j'admire ce cortège
Qui rassemble en son sein les gens les plus divers
Sachant que la chanson de l'ennui vous protège

En caressant le cœur par le chant de ses vers!
Ainsi le peuple heureux fait son pèlerinage
Fidèle au souvenir en ce jour solennel
Pour déposer des fleurs, gage de son hommage,
Et saluer Dupont, son poète immortel!
Pendant que recueillis devant sa chère image
Ses disciples fervents encore écouteront
Les échos merveilleux, en leur divin langage,
Chanter avec amour les œuvres de Dupont!

Gloire à Pierre Dupont, en cette heure si chère,
Qui rappelle à nos cœurs son pieux centenaire!

Lyon, 1921.

Le Petit Ruisseau du Moulin

A Léonie et à Didier Celard.

Refrain

Ruisselet, large de trois mètres,
Tu fais marcher le vieux moulin
Pour qu'il écrase le bon grain
Qui du hameau nourrit les êtres.
Chante! chante petit ruisseau,
En passant entre les roseaux!

1ᵉʳ Couplet

Au pas, je suis sa marche lente,
Il est musard comme un enfant,
Une pierre, un jonc, une plante,
Cause un arrêt à chaque instant.
Et tout en flânant il babille,
Répondant à tous les échos;
Quel charme que la voix gentille
De ce joli petit ruisseau.

2ᵉ Couplet

Gaîment, il traverse la plaine
En dessinant un beau ruban,
Sa voix toujours douce et sereine
Egrène ses merveilleux chants.

Délaissant la plaine fertile,
Il s'enfonce sous le vieux bois,
Allant chercher l'endroit utile
Qui de Nain l'élèvera Roi !

3ᵉ COUPLET

Et le voici devant l'écluse,
Plus sonore devient sa voix ;
Fort, oubliant l'heure où l'on muse
Au fier labeur il dit : c'est moi !
Vaillant, sur la roue il s'élance
Son corps fait marcher le moulin
Puis, fier, il reprend sa romance
En continuant son chemin !

REFRAIN

Ruisselet, large de trois mètres,
Tu fais marcher le vieux moulin
Pour qu'il écrase le bon grain
Qui du hameau nourrit les êtres.
Chante ! chante ! petit ruisseau
En passant entre les roseaux !

Ecully, 1927.

Lyonnais. j'ai tout interrogé ;
Quelle est la gloire de la cité ?

J'avais cette idée en tête,
Amis, depuis bien longtemps ;
Un jour je me mis en quête
D'avoir des renseignements.
Je parcourus toute la ville,
Interrogeant un peu partout
Cicérones, sergents de ville,
Dupont, Roy, Soulary, Coustou,
Artistes et monuments mêmes,
Je voulais l'unanimité
Pour savoir quel être suprême
Méritait cette dignité !
Et dans une union parfaite
Toutes les voix, tous les échos,
Me dirent dans un air de fête,
Le nom cher de ce grand héros !
C'est lui, me disait le poëte,
Qui conduisait auprès de moi
La Muse qui, pour la conquête,
M'inspirait de sa tendre voix !
C'est lui, répétaient les artistes
Qui, le soir, après nos travaux,
Par son langage d'humoriste
Met en gaieté tous les cerveaux !
Oui ! c'est lui, répétait la foule,
L'animateur de la Cité ;
C'est lui, chantait l'onde qui coule,
Dans sa crâne simplicité !

C'est lui, gazouillait la Fauvette,
Lui-même, chantaient les moineaux.
Et le pauvre, en branlant sa tête,
Disait : il sait calmer les maux!
Il est l'ami dans la détresse;
Du pauvre, c'est le défenseur;
En grand justicier il se dresse
Devant l'égoïste oppresseur!
C'est Guignol, que le peuple acclame;
Guignol, qui sème la gaieté;
Guignol, bon cœur, à la grande âme,
Et l'ami de l'Humanité!
C'est lui qui soutient et protège
Tous les gones, les Lyonnais,
Règnant sur la Cité, son siège,
Capitale du Beaujolais!
Si son emblème est une trique,
C'est pour châtier les tyrans.
Mais son cœur est démocratique
Pour aider les honnêtes gens!
Guignol! Guignol est notre idole,
De Lyon le grand citoyen :
Amis, écoutons ses paroles
De grand républicain humain!..
Cher Guignol, la foule t'acclame,
Toi, la gloire de la cité;
Défenseur que l'Humanité
A tous les gais échos proclame!..
Hourra pour Guignol, As des gones Lyonnais,
Amis des vrais bons cœurs dans le droit et la paix!
O Guignol, sur Lyon, étends toujours ton aile,
O gloire à toi, gloire à ta jeunesse immortelle!

Lyon, août 1924.

En regardant tomber les feuilles

REFRAIN

Sous la brume de mi-novembre,
Les feuilles tombent lentement
Et couvrent de leur couleur d'ambre
La campagne complètement.
Tombez! tombez feuilles jaunies,
Puisque là c'est votre destin,
Mais aussi bien courte est la vie
Hélas! pour les pauvres humains.

1er COUPLET

Votre règne est bien éphémère,
Vous ne vivez que quelques mois,
Pour ombrager un peu la terre,
Pour egayer un peu les bois.
Vous verdissez sous la caresse
Du doux soleil, au gai printemps,
Mais vous tombez sous la tristesse
De l'automne aux sombres autans.

2e COUPLET

Les beaux arbres et la nature
Sans vous restent lugubrement,
Sans les feuilles pas de parure,
Le paysage est désolant.

Feuilles, retardez votre chute,
Tombez! Ah tombez lentement
Pour ceux qui contre la mort luttent
En vous regardant tristement.

3ᵉ COUPLET

Feuilles, à votre heure dernière,
Vous formez un joli tapis,
Recouvrant mollement la terre,
Souvent protégeant les épis
Contre le frimas qui vous chasse
De votre rôle d'ornement;
Vous préservez de bonne grâce
Le grain qui germe lentement!

4ᵉ COUPLET

Feuilles; la nature vous pleure,
Vous pleure aussi le pauvre humain,
Car hélas! sombre est la demeure
Quand vous couche le dur destin;
Car c'est l'hiver et son cortège
Qui vous remplacent ici-bas,
Pour retarder la blanche neige,
Feuilles restez! ne tombez pas!

Montanay, 14 Novembre 1917.

Dans mon jardin

A mes Beaux-Parents.

1ᵉʳ COUPLET

O quelle vue éblouissante,
Ah! mes amis, quel doux réveil,
Quand le coq à l'aube naissante
Salue en chantant, le soleil!
Dans le jardin où tout m'enivre,
Je trouve de nouvelles fleurs :
Nature, qu'il est doux de vivre
Au milieu de tant de splendeurs!

REFRAIN

Dans mon jardin,
A l'ombre grise,
Ah! je me grise,
Cela sans vin.
C'est la nature
Et sa beauté
Dont la parure
Dit : Liberté!
Oui, c'est la vie,
Ah! qu'on l'envie,
Amis, je dis
C'est la santé,
Le paradis,
La Liberté!

2ᵉ Couplet

Sur les belles fleurs odorantes
Les abeilles, les papillons,
Que le suc au doux parfum tente,
Grisés, vont volant bonds par bonds.
Pour satisfaire aux gourmandises,
Il pousse aussi chaque saison,
Pour les enfants des friandises
Que la nature a bien raison.

3ᵉ Couplet

Sur les arbres du voisinage
L'on voit s'ébattre les oiseaux
Dont le chant, gentil babillage
Se répète à tous les échos.
Ah! comme il est doux de l'entendre,
D'en saisir l'inspiration,
Et si vous saviez le comprendre
Vous n'auriez qu'admiration!

4ᵉ Couplet

Le soleil dore la campagne
Et réchauffe de ses rayons
Guéret, côteau, bois et montagne.
Et l'on voit passer les saisons;
Mais laquelle est la plus jolie,
Toutes ont un charme divin
Car la nature c'est la vie,
C'est ce que chante mon jardin!

Ste-Colombe, 17 Mai 1917.

Hommage au compositeur Lejolivet

SA MUSIQUE

De gazouillis d'oiseaux et d'onde qui murmure
Sous un soleil doré d'un tout bleu firmament,
Sa musique ainsi faite aux yeux de la Nature,
Charme les cœurs humains tout triomphalement!

. . . .

Il n'est plus !

Mais son nom sera Immortel !

Sans écouter nos voix, sans pitié pour nos larmes,
De sa fatale main, la mort a clos ses yeux,
Brisant son divin luth aux accents pleins de charmes
Que son souffle puissant rendait mélodieux!

Hélas! il n'est plus, mais sa divine musique
Lui survivra toujours pour charmer tous les cœurs,
Pour rappeler son art et son nom sympathique
Qui brille au firmament des artistes vainqueurs!

Pour tous ses vrais amis et poètes fidèles,
Leur cœur sera bien fier de sa postérité
Car le Génie ailé, de sa main fraternelle,
Marque son noble front de l'Immortalité!

Il est dû cet honneur pour ses œuvres si belles,
Pour son ardent labeur, pour son art merveilleux;
Ami Lejolivet, votre œuvre est immortelle
Et vos chants pleins d'amour charmeront tous les
                                        [cieux!

Maître Lejolivet, douce est votre musique,
Ses sons harmonieux toujours nous berceront,
Rappelant à nos cœurs votre nom symphatique
Qu'en sincères amis jamais nous n'oublierons!

. . . .

Pour chanter son grand nom, Muses, prenez vos lyres,
Egrenez ses doux chants sous les cieux enchanteurs,
Après nous, apprenez aux enfants à le dire :
Lejolivet sera le grand compositeur
Qui charmera toujours par ses doux chants vain-
[queurs!

Gloire à Lejolivet! ô gloire à son génie!
Dont les chants merveilleux égayent notre vie;
De cet homme de bien, au cœur plein de bonté,
Inscrivons la mémoire à l'Immortalité!

Lyon, 11 Février 1928.

Mon vallon est un endroit charmant

A ma Sœur Jeanne.

Mon cher vallon, c'est une perle,
Un nid de verdure enchanteur
Où pinsons, rossignols et merles
Gaîment chantent leurs airs vainqueurs!
Pi, pi ouit, tire la rirette
Oh! ce n'est que gaîté sans nom,
Amis, dans mon riant vallon
Les oiseaux chantent à tue-tête!

Il n'est pas à moi, mais qu'importe
Puisque je peux m'y promener,
L'immensité n'a pas de porte
Pour le rêveur qui veut glaner.
Aussi, mes yeux charmés contemplent
Mon cher vallon resplendissant
Où pieusement comme au temple,
Je chante un psaume caressant!

Dans mon vallon au vert feuillage,
Quand Phébus lance ses rayons,
Ce n'est qu'un joyeux babillage
Qui force l'admiration.
Oh! le délicieux murmure
Que ces mille voix d'oisillons
Chantant un hymne à la Nature
Au fond de mon riant vallon!

O quelle divine harmonie
Règne dans mon vallon charmant
C'est le doux bonheur, c'est la vie
Et l'on vit poétiquement.
Le cœur peint ce que l'œil admire
Car tout est beau, tout est divin,
Tout heureuse l'âme soupire
Et le cœur reprend son refrain !

Mon vallon est le coin que j'aime
Je voudrais y finir mes jours
Puis, mort y demeurer quand-même
Car mon âme y vivra toujours !
Mais aujourd'hui le soleil brille
Dans un joli ciel de printemps,
Les gais oiseaux lancent leurs trilles
Alors ne pensons qu'au présent !

St-Didier, Juin 1924.

La cave de mon beau-frère

A Julien Guichard.

Refrain

Tous les bons vins que produit la terre
Sa vieille cave, amis, les contient,
Mais franc buveur à tous il préfère
Ses vins à lui les Jurassiens!
    De toutes c'est la première
    La cave de mon beau-frère!

1ᵉʳ COUPLET

Rangés par dates, avec soin,
Les meilleurs crus ainsi voisinent,
Dans les rayons, dans tous les coins
Repose la liqueur divine
Sous l'œil d'un vigilant gardien
Dont la main experte à son heure
Sait faire valoir son cher bien
Quand on visite sa demeure!

2ᵉ COUPLET

Conduit par maître de céans
Dévotement tout comme au temple
On va pas à pas épelant
Le nom des vins que l'on contemple :

La cave de mon beau-frère

Des Champagnes, des Beaujolais,
De l'Etoile, Pommard, Sauternes,
Château du Pape et Santenay
Qui font briller l'œil le plus terne!

3e Couplet

Et dans ce caveau sans pareil
Suivant les bons conseils du maître
Ces fins nectars aux flots vermeils
Le visiteur doit les connaître.
C'est ainsi que pieusement
Tour à tour on hume et l'on goûte
Champagnes vins vieux, noirs ou blancs
Qui vieillissent dessous les voûtes!

4e Couplet

De sa cave il peut être fier
Car elle est des plus réputées
Ses bons vins sont un trésor cher
Dans une cave ainsi montée.
Pour ce disciple connaisseur
Veille, ô Bacchus, sur les vendanges,
Que les vins gardent leur saveur
Et sa cave aura nos louanges!

Bourg, Juin 1927.

Sous les murs de Lyon

Duo

LE RHONE

Quand, prisonnier de la nature,
Je chantais sous les monts glacés,
Seuls, les échos, à ma voix pure
Répétaient mes chants insensés.
Car, hélas! je rêvais sans cesse
D'amour divin, de liberté,
Et pour avoir cette caresse
J'ai renversé l'adversité!
Alors, joyeux prenant ma course,
J'ai traversé plaines et monts,
Absorbant les ruisseaux, les sources,
Pour arriver jusqu'à Lyon!

LA SAONE

Hélas! moi, plus faible et tremblante,
Sous les forêts de sapins verts,
J'attendais une main clémente
Pour me délivrer de mes fers!
Je rêvais aussi d'aventure
Et désirais un fol amant,
Quand brave dame la Nature
Ah! me donna la clef des champs!

Je courus à perdre haleine,
Heureuse d'être en liberté;
Prise d'amour, mon âme en peine
S'arrêta dans cette cité!

LE RHONE

Saône! ô ma douce reine!
C'est pour notre bonheur
Que rompant notre chaîne,
Le maître créateur
Nous montra notre route,
Le chemin de Lyon,
Pour qu'à l'amour on goûte
Dans l'heureuse union!

LA SAONE

En cette heure d'ivresse,
O Rhône! mes amours!
Reçois une caresse,
Je t'aimerai toujours!
Rhône! ô chantons sans cesse!
La joie et l'union!
Gloire à notre Déesse
La Ville de Lyon!

LE RHONE ET LA SAONE

Duo

Unissons nos voix,
Chantons à la fois,

La cité généreuse
Grande et laborieuse
Qui préside au bonheur
De nos flots enchanteurs.
Chantons! chantons sans cesse!
Sous les beaux rayons d'or
Chantons avec ivresse
Pour Lyon le melhor!
Gloire à la cité de la soie,
A notre amour, à notre joie!

LE RHONE

O reine des flots!

LA SAONE

Rhône! ô mon héros!

LE RHONE ET LA SAONE

Ah! chantons sans cesse,
Avec douce ivresse,
Chantons! gloire aux amours!
Amis, chantons toujours!

Lyon, 2 Mars 1913.

Hommage au Prince des Chansonniers

Cantate à Xavier Privas

Muse de la Chanson, à la voix merveilleuse,
Echos de la Nature aux voix mystérieuses
Aux Humains recueillis tous unissez vos voix
 Pour glorifier la mémoire,
 Le nom auréolé de gloire
De Privas, chansonnier, Prince de notre choix!
Chantez pour qu'à son nom le souvenir fidèle
Rappelle aux Lyonnais sa mémoire immortelle!

 O Poètes! ô chansonniers
 Nous, toutes les Muses fidèles,
 Nous venons chanter et prier,
 Avec notre foi fraternelle;
 Dans nos pieuses oraisons
 Nos voix répèteront sans cesse :
 Dors! dors! Prince de la chanson
 Sur ton nom veillent les Déesses!
 Avec vous, amis chansonniers
 Nous les vrais Lyonnais, ses frères
 Nous voulons le glorifier
 Car son œuvre à nos cœurs est chère.
 Gloire à Privas, à sa chanson
 Qui chanta fièrement sa ville;
 De lui dans tous nos cœurs traçons
 La chère image indélébile!

Avec vous tous, ô chansonniers,
L'Humanité reconnaissante
Veut chanter ce cœur familier
Dont la voix fut compatissante;
Gloire à Privas, à sa bonté
Qui savait soutenir ses frères,
Louons sa solidarité
Envers les humbles de la terre!
Nous Poètes et Chansonniers
Avec tous ses amis fidèles
O chantons pour glorifier
Privas et son œuvre immortelle
Répétons son nom aux échos,
Qu'il vibre sous le ciel de France
Et résonne dans les cerveaux
Comme un doux hymne d'espérance!

Muse, de la chanson, à la voix merveilleuse,
Echos de la Nature aux voix mystérieuses
Aux Humains recueillis, tous unissez vos voix
          Pour glorifier la mémoire,
          Le nom auréolé de gloire
De Privas, chansonnier, Prince de notre choix!
Chantez pour qu'à son nom le souvenir fidèle
Rappelle aux Lyonnais sa mémoire immortelle!
          Humains, ô saluez bien bas
          Le grand nom de Xavier Privas!

Lyon, 1927.

Un jour d'Eté !

Ecrit au bord de la Lône à Loire.

A mon cousin Alexis Fontaine.

Du soleil, du ciel bleu dans un beau paysage,
A mes pieds coule l'onde en chantant son refrain,
Des arbres tout feuillus monte le babillage
De joyeux oisillons heureux de leur destin.
C'est le cadre enchanteur de Dame la Nature
Qui montre sa splendeur en ce beau jour d'été
C'est le croquis tout prêt qui s'offre à la peinture
Pour éblouir les yeux qui cherchent la beauté !

Dans ce décor divin mon cœur tout heureux chante
Mes yeux sans se lasser admirent ces trésors
L'onde plus claire encor d'une voix languissante
Chante en rasant les champs où règne l'épi d'or !
Dans le vieux chemin creux se suivent les charrettes
Toutes pleines de foin et que tirent des bœufs
Et les échos joyeux lancent des airs de fêtes
Pendant que le soleil brille de tous ses feux !

Ainsi de l'aurore à l'heure crépusculaire
Se succèdent sans fin de ravissants tableaux
Faisant vibrer le cœur pour l'amour de la terre
Car chaque heure ici chante un doux espoir nouveau...
Le cœur réconforté je gagne la chaumière
Pour rêver en dormant de toutes ces beautés,
Puis écrire demain d'une plume sincère
Qu'à la terre, est le bonheur et la liberté !

Loire, 24 Juin 1928.

Les Boules !

Hommage aux Boulistes lyonnais.

Adeptes du canant sport boules
Les Lyonnais sont des fervents
Sur leurs boulodromes se roulent
En champions des plus savants.
Et dans l'air les ris joyeux fusent
Emportant par plaines, par monts
L'écho de ces gais compagnons
Qui lyonnaisement s'amusent
Qu'importe le temps, les saisons
Les joueurs ont le cœur en fête
Et dans l'air les échos répètent
Leurs gais vivats et leurs chansons.
Joueur tiens tatis sur la piste
Vise le but, fais des carreaux
De beaujolais vide des pots
Santé! Gaîté! font ton drapeau!

Vrais lyonnais, gloire aux boulistes!

Lyon, 21 Juin 1928.

Hymne au Labeur !

Travail, noble Labeur, ô toi qui grandis l'homme,
Je veux te chanter pour tout le bien que tu fais.
Fortifiant les corps, tu guéris tout en somme
C'est la vie et la santé pour des jours parfaits;
Le corps sain, l'esprit prompt assurent la vaillance
Qui donne la grandeur et la vitalité,
Elevant les humains, préparant l'endurance
Qui sait les préserver aux jours d'adversité!
Aussi les cœurs humains, digne de ta noblesse,
Savent proclamer bien haut tes heureux bienfaits;
Travail, labeur sacré qui forme la jeunesse,
Grandis toujours les cœurs sous tes flambeaux de paix!

O quel que soit ton rang, écoute la sagesse,
Humain, travaille avec amour, avec ardeur
Car l'effort du labeur rend belle la jeunesse
En éclairant l'esprit qui rend l'homme meilleur.
O jeune homme écoute la voix qui dit : travaille!
Fuis tous ses détracteurs, et fuis l'oisiveté,
Car la Paresse est là, prête si tu défailles
Humain! pour t'avilir en tuant la bonté!
Parents, éducateurs c'est dès le premier âge
Que de vos enfants vous devez guider les pas
Vers le labeur sacré qui donne le courage
Formant pour l'Humanité les meilleurs soldats.
Le saint Travail par sa diversité multiple
Intéresse l'esprit, captive les cerveaux,
Le savoir attire auprès de lui maints disciples
Elargissant la route au fier progrès nouveau!

Pour l'esprit chercheur comme pour la main habile,
Le travail apporte un lucratif passe temps,
Devant pourvoir à tous dans l'existence utile
De goûter au bonheur gagné si sainement!
Humain! qui que tu sois, le Droit te dit : travaille!
Car nul n'a le pouvoir de se croiser les bras :
La terre ouvre son flanc; Laboureur, ta semaille!
Les épis sont dorés : Moissonneur les voilà!
Les blés sont battus, à toi meunier du village,
Ecrase le bon grain, ensache le froment,
Le boulanger attend pour faire le partage
Du blanc pain nourricier à tous les habitants.
Dans les coteaux tout couverts de grappes vermeilles,
Déjà la récolte appelle le Vigneron
Et bientôt dégarnies de leurs raisins, les treilles
Pleureront leurs doux fruits que les pieds fouleront!
Ainsi que dans les champs, le labeur, à la ville,
Appelle les Humains pour ses mille travaux;
Bois, fer, pierre cuivre attendent la main agile
Qui transforme la matière au gré des cerveaux!
Allons flaneur, réponds à la voix qui t'appelle,
Tu ne dois pas déserter la ville, les champs,
Jeune, tu dois à tous l'offrande ardente et belle
Qui mettra l'humain à l'abri lors des vieux ans!

Tous unissez vos voix à celle du poète,
Pour chanter les bienfaits que donne le Labeur
Dans la paix, ô chantons la sublime conquête
Du Travail sur l'oisiveté qui fond l'ardeur;
Chantons gloire au Travail qui rend l'homme

[vainqueur!

    O chantons avec allégresse,
    Pour le bien de l'Humanité,

Le Travail sacré, la sagesse
Sous le soleil de Liberté!
Humains, chantons avec ivresse,
Gloire au Travail! ô saint Labeur!
Pour un monde uni, grand, meilleur
Dans la Paix et le Droit vainqueur!

Lyon, Juin 1926.

En contemplant une source !

O source, dans ton onde claire
Mes yeux déchiffrent des mystères,
Des histoires des temps anciens
Que ton onde reflète bien !

Je vois de ravissants visages
Aux beaux yeux tout emplis d'amour,
J'entends de langoureux langages
Où je t'aime revient toujours !

Et des Reines lentement passent
Eblouissant mes yeux rêveurs,
Charmant tout mon cœur de leurs grâces,
Par leurs doux refrains enchanteurs !

Ce sont des beautés sans égales
Qu'emportent les dieux de l'amour
Pour présider les bacchanales
Qui charment leur divin séjour.

Ce sont des Vierges, des Idoles
Aux grands yeux emplis de candeur,
Belles dans leur mystique rôle
Qui ne manque pas de grandeur !

Ainsi défilent des images,
Des tableaux au charme divin
Et l'œil ravi rend un hommage
A la splendeur de ces dessins.

De l'onde claire qui susurre,
J'entends monter des sons charmants
De divines voix qui murmurent
Amour, je t'aime éperdûment!

Sans crier gare, le temps passe
Et la nuit vient noircir les flots
Dérobant à mes yeux les grâces
Qui d'amour, hantent mon cerveau!

Mais après la nuit, l'aube rose
Lentement vient m'ouvrir les yeux
Et c'est encor l'apothéose
Pour mon être voluptueux!

O source, dans ton onde claire
Mes yeux déchiffrent des mystères
Qui grisent mon cœur amoureux
En quête d'amour sous les cieux!

O source de rêve, ô magie,
Fais-moi trouver belle : la vie!

Charbonnières 1927.

Ouvriers, Artisans, Bravo !

*Dédié aux Exposants
de la deuxième Exposition Nationale d'Art ouvrier.*

Ouvriers, Artisans soyez fiers et contents
Car le succès, à votre œuvre, hier fut fidèle,
Couronnant le labeur, ce vaillant conquérant
Qui veut enfin régner pour une heure plus belle!
Travailleurs, exposants du bel art ouvrier,
Regardez sur votre œuvre en cette heure jolie
L'Humanité vous offrant ses plus beaux lauriers
Pour récompenser votre art et votre génie.
Gloire à vous artisans, ouvriers, compagnons
Qui surent charmer tous les yeux par ces merveilles.
Vous avez bien mérité de la nation
Par vos nobles travaux, œuvres de longues veilles.
Gloire à vous, hommes forts, apôtres, précurseurs
De l'heure où le labeur enfin prendra sa place,
Délivrés pour jamais de l'injuste oppresseur
Les Humains gaîment chanteront l'heure de grâce,
Heureux en travaillant pour la fraternité
Le soleil bienfaisant pour tous luira de même,
L'Humanité pourra dire à l'Egalité
En cette heure de liberté ma sœur : Je t'aime!
    O gloire à vous, à vos travaux,
    Radieux le soleil se lève,
    Ouvriers, artisans, bravo!
    Que demain ce rêve s'achève,

Le droit éclairant ses flambeaux
Pour voir l'amitié fraternelle
Et la Paix décrètant tout haut
Qu'aux bons humains elle est fidèle.
O gloire à vous! gloire à jamais!
Elite professionnelle
Qui travaillez pour le progrès
Et pour une heure bien plus belle!

O gloire à vous, à vos travaux,
Ouvriers, artisans bravo!

Lyon, Mars 1925.

La basse-cour au réveil

Tableau rustique

La nuit s'enfuit, voici l'aurore,
L'alouette entonne ses chants,
L'horizon, de feux, se colore,
Tout se ranime aux prés, aux champs
Et dans la naissante lumière,
Assis au seuil de ma chaumière
Moi, je contemple avec amour
Le réveil de la basse-cour!...

Le coq chante et le jour se lève,
Allons, debout bons paysans,
Quittez le lit et les beaux rêves,
Le labeur vous appelle aux champs!
Et vous, avenantes fermières,
Gente basse-cour vous attend,
Jetez le grain pour faire taire
Cocoricos et gloussements.

Appelez, jetez la pâture,
Le coq préside au gai repas,
Dans ce cadre de la nature
Joyeux sont ses gentils ébats.
Prenez du son, prenez des graines
Allez, jetez, à pleines mains,
Le gai soleil dore la plaine,
Donnez de l'herbe à vos lapins!

Les pigeons, dans la cour voltigent,
Les canards suivent les dindons,
Mais les fleurs tremblent sur leurs tiges
Quand ils ouvrent leurs ailerons !
En longues files vont les oies
Tout en rasant les verts buissons,
Elles mêlent leurs cris, leur joie
A ceux de leurs gais compagnons !

Le doux soleil dore la plaine,
Le coq chante : cocorico !
Les poules picorent les graines
Les canards barbottent dans l'eau.
Et la vie alors recommence,
La basse-cour prend ses ébats.
Dans l'air pur mille cris s'élancent,
Pour saluer l'aurore en de vibrants éclats !...

O j'aime cette heure première
Car je contemple avec amour
Le réveil de la basse-cour
Egayant notre coin de terre !

Bourg, Août 1926.

Recueillement

A Suzanne, morte à vingt ans.

En ce triste jour d'anniversaire
Où l'Archange noir ferma tes yeux
Je veux que ma penser toute entière
Communie avec toi dans les cieux;

Car c'est au ciel, avec les anges,
Que tu résides à présent
Pendant que nos cœurs te louangent
En chantant ton nom caressant.

O pauvre petite Suzette,
Toi que notre cœur aimait tant,
Comme l'éphémère fleurette
Tu ne connus que le printemps.

Trop tôt ravie à nos caresses,
Absente, nous te chérissons,
Car tu fus reine de sagesse
Et Fauvette de la maison.

Pour nos cœurs, ta perte est cruelle,
Ta mort altéra nos santés,
Pour Grand'Mère elle fut mortelle
Car son cœur ne put résister;

Et près de toi, Mémé repose,
Il me semble entendre vos voix
Se redire de douces choses
Et me parler comme autrefois.

O faites-moi des confidences,
Dites qu'il ne faut pas pleurer,
Que malgré ce pieux silence,
Vous nous voyez, vous nous aimez.

Et quand pour nous sonnera l'heure
De quitter le sol des humains,
De votre céleste demeure,
Vous nous montrerez le chemin.

Tout comme hier, nos cœurs sans peine,
Communierons dans le bonheur,
Oubliant la terre inhumaine
Où l'on vit, l'on souffre et l'on meurt.

En attendant cette heure suprême
Nos yeux vous pleureront toujours
Et notre pauvre cœur qui vous aime
Redira ces doux mots d'amour.

Lyon, Octobre 1922.

Hommage au Caveau Lyonnais

Sur un beau char doré, descendant des nuages
Notre muse est venue apportant ses hommages :
Autour d'elle groupés de gracieux amours
Chantaient, la lyre en main leurs hymnes des grands
[jours,
Puis des anges tout blancs tenant dans leurs doigts
[roses
Des corbeilles d'argent pleines de fleurs écloses,
Puis venaient des oiseaux, fauvettes et pinsons
Qui gentiment chantaient de bien belles chansons;
C'était charmant à voir ce groupe allégorique
Symbolisant le chant, poésie et musique.
Ce cortège venait fêter notre drapeau
Et les noces d'argent du glorieux Caveau.
Mais suivons notre Muse au temple d'harmonie
Où l'avaient précédée Euterpe et Polymnie,
D'un beau geste magique elle couvre de fleurs
Notre cher Président l'élu de tous nos cœurs.
Tous, nous applaudissons en ce jour d'allégresse
Le caveau couronné par la grande Déesse.
Pour célébrer ce jour si beau, sans précédent
Offrons notre hommage, à notre bon président,
En le félicitant pour la sollicitude
Et son grand dévouement sans une lassitude,
Car pendant vingt-cinq ans pour la société
Il fut notre grand chef aimé, très respecté.
Inclinons-nous devant ce savant, ce poète,
C'est lui, c'est le Caveau qu'aujourd'hui tous l'on fête;

Associons aussi dans ce grand jour divin
Les membres fondateurs qui firent le chemin
A cette œuvre admirable et si saine entre toutes
Pour la bonne chanson qu'on aime et qu'on écoute;
Remercions Nadaud, Boudouresque et Chebroux
Et toujours gardons d'eux un souvenir bien doux.
A notre reine Amel un hommage sincère,
Puis fêtons dignement ce grand anniversaire.
De ce beau jour gardons un très bon souvenir
Et pour les noces d'or jurons de revenir.
Aimons bien la chanson car c'est aimer la France,
La chanson c'est l'amour, la vie et l'espérance.
Amis battons un ban au caveau lyonnais,
Le soutenir toujours mais le quitter jamais!

Lyon, Novembre 1913.

A mon fils pour ses vingt ans

Oui, vingt ans ont passé depuis l'heure première
Où tes jolis yeux s'ouvrirent à la lumière,
Que d'évocations depuis ce divin jour,
Aujourd'hui tout cela repasse avec amour,
Doux tableau familier qu'en courant peint la vie,
Qui se grave en nos cœurs, que jamais on n'oublie,
Que reflète à nos yeux le miroir du passé
Pour regarder toujours cet hier caressé.
C'est ce que font mes yeux ce jour d'anniversaire,
Je te revois, Roger, entr'ouvrant ta paupière
Pour sourire gaîment à nos grands yeux ravis
Qui contemplaient l'enfant venant du paradis!
O ton premier baiser, ta première caresse
Furent pour notre cœur une bien douce ivresse.
Oui, je revis ce jour en ce mai radieux
Où l'or du gai soleil éblouit tant mes yeux!
Je regarde et je vois la Nature immortelle
Qui montre à tous les yeux sa parure nouvelle;
Des fleurs dans les jardins, dans les prés, dans les
                                [champs,
C'est l'heure où tout sourit, c'est l'heure du Prin-
                                  [temps!

      C'est l'heure que le cœur envie,
      La plus belle heure de la vie
      Quand gaîment sonnent les vingt ans!
      Roger, pour toi c'est le présent.
      Loin de nous en cette heure chère
      Qui nous prive du doux bonheur

De te serrer sur notre cœur
Car... brave petit militaire.
Mais bientôt nous te reverrons
Du bonheur nous aurons l'ivresse,
Tu retrouveras nos caresses
Et nos trois cœurs se chériront!

Lyon, 7 Mai 1921.

Doux Vœux

A Roger;

A Marie-Rose:

A mes deux enfants.

A l'appel d'Hyménée, ah! vous avez dit : oui!
Et c'est l'événement que l'on fête aujourd'hui;
Pour célébrer ce jour, moi, j'accorde ma lyre
En chantant le bonheur auquel pour vous j'aspire!

Qu'importe la saison, l'Amour, c'est le Printemps!
Toi, soleil radieux, brille sur eux sans cesse;
Destin sois favorable et donne ta caresse
Pour voir rire leurs yeux au doux bonheur longtemps!

Prends ta corbeille d'or, Flore, ô belle déesse,
Puis sème à larges mains des roses sous leurs pas.
Rends le chemin plus doux, attarde la vieillesse,
Pour qu'ils goûtent longtemps au bonheur d'ici-bas!

Lyon-Loire, 28 Février 1928.

Les Petits Gars
du 1er arrondissement

Chanson-Marche

REFRAIN

Plan, plan, plan, rataplan tambours,
Clairons sonnez,
Fifres jouez,
Au couplet, chacun à son tour,
Mais au refrain,
Avec entrain :
Clairons sonnez,
Fifres jouez,
Tapez tambours,
Jouez toujours;
En avant gaiement, marchez crânement,
Les gars du premier arrondissement!

1er COUPLET

Ta ra ta ta le clairon sonne,
C'est l'heure du rassemblement,
Des gars, qui va manquer? Personne!
A l'appel, chacun dit : Présent!
Car ils sont tous des enfants sages,
Toujours vaillants, respectueux,
Nos petits gars des patronages
Défilent au pas, l'air joyeux.

2ᵉ Couplet

Disciplinés, la mine fière,
En rangs comme de vrais soldats,
Gaillardement, l'allure altière
Ils vont au pas, nos petits gars,
Et plein d'entrain, avec ensemble,
Le front haut et le regard droit,
Le jarret tendu, rien ne tremble;
Du chef, ils écoutent la voix.

3ᵉ Couplet

En costumes les jours de fêtes
Ils sont gentils, crânes et beaux;
Bravement, ils dressent la tête
En chantant des refrains nouveaux!
Et leurs voix emplissent l'espace.
Le bonheur brille dans leurs yeux,
La vie au grand air les délasse
En avant, les cœurs sont joyeux!

4ᵉ Couplet

Comme les garçons, nos fillettes
Marchent aussi bien en chantant,
Dignes élèves des Fauvettes,
Leur chant est doux et ravissant.
Et des garçons, bonnes compagnes,
Mettent leur voix à l'unisson
Pour répandre dans la campagne
Les gais refrains de nos chansons!

5ᵉ Couplet

Amis, aidons ces enfants sages,
Encourageons leur groupement;
Vous les gars, tous aux patronages,
Venez vous récréer souvent.
Puis, les jours de marches scolaires
Vous chanterez à l'unisson
Du premier, la marche si fière :
Tapez tambours, sonnez clairons !

Lyon, Juin 1918.

Gloire au Palais de la Foire

Poète lyonnais, je veux chanter ta gloire,
Assise du Labeur, ô Palais de la Foire!

Maintenant, qu'achevé, grave et majestueux,
Tu mires ton profil dans les flots clairs du Rhône,
Présidant dignement ainsi que sur un trône,
Le Commerce et la Gloire au pays des soyeux!
Né d'un cerveau puissant, mais en des jours de guerre,
Malgré tout, tu grandis grâce aux efforts constants
De tuteurs résolus et toujours vigilants
Qui voulaient voir encor notre France prospère!
Aujourd'hui, dans la paix au calme bienfaisant,
La Foire de Lyon rayonne sur le monde,
Eclairant de son nom que le soleil inonde
De tous ses rayons d'or le labeur renaissant!..
Maintenant, curieux, franchissons-en la porte,
Nos regards éblouis restent émerveillés
Devant ces flots joyeux de feux et d'or voilés,
Idéale beauté qui charme et qui transporte!
Les efforts du génie et du labeur sont là,
Depuis le bijou d'art jusqu'aux lourdes machines,
Instruments musicaux, dentelles de Malines,
Et des milliers d'objets, soierie et falbala!
Ici, bruit, tout se meut, ronfle, mugit et gronde,
C'est la force invincible et l'électricité;
Là-bas! c'est la musique et sa douce beauté
Dont les gais flons-flons se mêlent au chant de l'onde!

Dans ce palais immense aux bruits de mille voix,
Bien cordialement il se passe des ordres,
Les affaires ainsi se font en très bon ordre,
Plus nombreuses et plus rapides qu'autrefois.
C'est le progrès en marche et nous à l'avant-garde;
L'Univers à Lyon se donne rendez-vous,
De notre beau palais soyons fiers et jaloux
Et du commerce honnête aidons la sauvegarde!

O palais merveilleux! ô palais enchanté!
Refuge admirable où s'étale la science,
Pour l'honneur de Lyon la grandeur de la France!
Pour le génie humain et pour la Liberté!

Lyon, 1920.

La Maison de mon Père

Chanson Rustique

A mon Père, affectueux souvenir.

REFRAIN

O j'aime ton décor de lierre,
Maison où s'ouvrirent mes yeux,
Cher toit qui regarde les cieux.
A mon âme, ô maison si chère,
Maison, ô maison de mon père !

1ᵉʳ COUPLET

La maison où naquit mon père
Est bâtie au flanc du coteau,
Dominant nos fertiles terres
Où paissent de nombreux troupeaux.
C'est là que j'ouvris ma paupière,
A l'ombre d'un bois de bouleaux,
Souriant à ma bonne mère
Qui chantait près de mon berceau.

2ᵉ COUPLET

Cette maison de vieilles pierres
Est pour mon cœur tout un trésor,

Dès que je ferme mes paupières,
Mes vieux, je les revois encor;
C'est la vision du bas-âge,
Sur les genoux de bon papa,
Tout en regardant les images
Que sa voix m'expliquait tout bas!

3e Couplet

O dans cette maison si chère,
Je vis avec mes souvenirs,
Heureux de travailler la terre,
Le seul espoir de l'avenir.
Car malgré le charme des villes
Où s'étale un plaisir malsain,
J'aime mieux mon hameau tranquille,
Ma chère maison, mon jardin!

4e Couplet

Oui, c'est dans ton décor de lierre,
O maison de mes aimés vieux,
Que je veux clore mes paupières,
Mon regard tourné vers les cieux;
Puis, comme eux, couché sous la pierre
Tout à l'ombre de ma maison,
J'entendrai comme une prière
Les oiseaux chanter leur chanson!

Lyon, 5 Avril 1926.

Les Fauvettes du Ier arrondissement

I

Nous chantons le Printemps, l'Eté, l'Hiver, l'Automne,
Nous chantons les fleurs les oiseaux,
Les beaux fruits parfumés et les raisins des tonnes,
Les monts, la plaine et les ruisseaux.
Nous chantons l'épi blond qui donne la farine
L'air pur qui donne la santé,
Le bon vin généreux qui colore la mine
Et donne aux humains la gaîté !

Refrain

Nous sommes ah ! ah ! ah ! les gentilles Fauvettes,
Fières interprêtes de la bonne chanson,
Rieuses, nous mettons tous les bons cœurs en fête
Partout, ah ! ah ! ah ! ah ! partout où nous passons !
Nous sommes les Fauvettes,
Mettant les cœurs en fête,
Amies de la gaieté
Et de l'Humanité !
Nous sommes les Fauvettes.
Ecoutez, écoutez le doux gazouillement
Des Fauvettes du premier arrondissement !

II

Nous chantons le savoir qui donne la sagesse
Et rend l'homme compatissant,
Nous chantons le labeur qui donne la richesse
Et l'espoir au ton caressant!
Nous chantons le poète aux pensers généreuses,
Qui défend les infortunés,
Et nous chantons aussi, tendant nos mains glaneuses,
Pour les petits abandonnés!

III

Fauvettes, nous chantons pour égayer la vie,
Semant la douceur, la gaieté!
Pour voir le ciel plus clair, la terre plus jolie
Sous un soleil de Liberté!
Nous chantons avec foi, de nos voix fraternelles,
Le bonheur pour tous les humains,
En chœur nous chantons pour la Paix universelle
Le plus sublime des refrains!

Lyon, 24 Août 1924.

De ma Fenêtre

Immensité, nature, ô beauté merveilleuse,
Qui s'offre à mon regard toujours plus radieuse,
Charme infini, réel et qui ravit les yeux
En montrant les splendeurs qu'illuminent les cieux?
Voilà ce que je vois de mon humble fenêtre,
La nature, ô beauté qui charme ainsi mon être!
A l'aube, au chant du coq, la brume disparaît,
Et derrière les monts le soleil apparaît,
Colorant de ses feux les neiges éternelles
Et les sommets géants aux formes de dentelles!
Puis, toujours grossissant, il monte lentement,
Eclairant l'Univers majestueusement!
C'est l'heure où tout s'anime, aux champs comme à la
                                           [ville,
Paysans. ouvriers, à l'allure fébrile
Se rendent au travail pour un effort nouveau,
En humains conscients, pour l'avenir plus beau!
Au calme de la nuit, un brouhaha succède,
Remplissant l'air de sons bizarres : l'un obsède,
L'autre charme, et ces bruits s'en vont diversement
Comme de gais flons-flons mourir au firmament.
Et dans l'éclat du jour tout apparaît immense.
Et l'on sent dans son cœur renaître l'espérance.
Tout est bien ordonné, formant mille tableaux!
Ici des champs, des bois, là-bas monts et coteaux,
Des lacs aux flots d'argent, des ruisseaux, des rivières,
Et le majestueux Rhône aux mille lumières,

Noble amant qui choisit notre antique Lyon,
Pour faire avec la Saône une douce union!
A la voix des flots bleus, répond de la montagne,
Le doux chant des oiseaux qui charment la campagne
Quel ravissant concert aux sons mélodieux
Qui vont en s'égrenant sous la voûte des Cieux!
Dans l'espace infini se croisent l'hirondelle,
L'oiseau des gais printemps à l'âme si fidèle,
Et les aéros ces mécaniques oiseaux,
Les saluant car ils portent de vrais héros!
Des prés et des jardins toutes les fleurs écloses
Mêlent leurs doux parfums à ceux des belle roses.
Dans l'air pur, embaumé par ces royales fleurs,
Volent les papillons aux brillantes couleurs,
Et le soleil s'en va derrière la montagne,
Majestueux encore, éclaire la campagne :
Les rayons pâlissants aux tons délicieux
Dorent encor le sol d'un effet merveilleux.
Et d'or fin, ciselant le beau nuage rose
Disparaît radieux dans cette apothéose!
Le crépuscule vient, l'ombre grise s'étend,
Couvrant légèrement de son voile charmant
Le paysage entier. Attendant la nuit close,
Sur ces demi-tons, l'œil doucement se repose,
Admirant longuement toute cette splendeur
Que nous devons à Dieu le maître créateur!
O Nature, nature, ô beauté merveilleuse!
Sois féconde pour tous, pour une vie heureuse!...
Le travail a cessé, le silence se fait,
Dans la tranquille nuit, pâle lune apparait,
Coquette, se mirant dans l'onde pure et claire
Du Rhône impétueux qui, sous cette lumière
Resplendit de beauté, montrant son air royal
Roulant toujours gaîment dans un chant triomphal,

Dans les cieux, les clous d'or de mille feux scintillent,
Sous leurs divins éclats la terre et l'onde brillent
Et tout se confondant en un seul et doux bruit
Le monde émerveillé chante l'hymne à la nuit!...

Je quitte avec regret ce décor grandiose
Où si divinement la nature repose.
Devant tant de beauté j'adresse au Créateur
Un hommage pieux qui monte de mon Cœur!

Lyon, 1917.

Le Cerisier

A Roger affectueusement.

REFRAIN

Cerisier, j'aime tes fleurs blanches
Qui charment tant de jolis yeux
Et j'aime voir plier tes branches
Sous tes beaux fruits délicieux.
Cerisier aux belles cerises,
O Cerisier! arbre charmant,
Donne toujours tes friandises
Aux petits gars qui t'aiment tant!

I

Quand le soleil d'avril caresse
Les cerisiers de mon jardin,
Le bourgeon fièrement se dresse
Pour s'épanouir un matin
En de ravissantes fleurs blanches
Qui garnissent royalement
Du cerisier les belles branches
Comme les feux du firmament.

II

Puis aux fleurs se mêlent les feuilles,
Formant un décor ravissant,

Mais les fleurs que le vent effeuille
Couvrent le vert gazon naissant.
La sève alors victorieuse
Sous les chauds rayons du soleil
Dessine en forme gracieuse
La cerise, fruit sans pareil!

III

Sous les fruits mûrs les branches plient
Et les yeux regardent ravis,
Car elles sont toutes jolies,
Douces, leur parfum est exquis.
O cerisier! arbre prospère,
Garde toujours l'air triomphant
Car la cerise nous est chère
Et fait le bonheur de l'enfant!

Sainte-Colombe, Juin 1922.

Eoutez la voix de la bonté

Gens heureux qui vivez à l'ombre du bonheur,
Songez, hélas! à ceux que courbe la douleur!

Pitié misère !
Pitié douleur !
Quittez la terre,
Place au Bonheur !

Plus d'esclavage,
Debout Humains,
Avec courage
Faites demain !

Chassez la Haine,
Chassez les maux,
Rayez les peines
De vos tableaux !

Cueillez des roses,
Séchez les pleurs :
Apothéose
Du vrai bonheur !...

Quand je vois des Humains étreints par la misère
Et d'autres torturés par l'affreuse douleur,
Je souffre atrocement, mon cœur meurtri se serre
Implorant la pitié, j'appelle le bonheur !
Et mes yeux tout rougis contemplent la Nature :
Fleuris sont les jardins et le ciel est tout bleu,

Les oisillons joyeux chantent dans la ramure,
Le soleil triomphant brille de tous ses feux.
Pour tous les yeux il brille en caressant la terre,
Ce soleil radieux qui mûrit les moissons
Mais il est impuissant contre les cœurs de pierre
Qui ne comprennent pas ce que nous chérissons.

C'est pourquoi l'on voit tant de pauvres cœurs en
[peine,
Qui souffrent en voyant tant de maux ici-bas,
Essayant, malgré tout, de combattre la Haine
Mais sourd à leurs appels on ne leur répond pas!...
Sans l'angoisse des maux la vie, oui, serait belle,
Alors pourquoi, mon Dieu, n'en est-il pas ainsi;
Invoquons la Bonté, Déesse fraternelle
Qui guidera les cœurs avec juste souci
Et le bonheur joyeux pour tous sera de même
Car les cœurs tous unis éloigneront les maux,
Les voix répéteront le mot magique : J'aime!
Que sur le monde entier rediront les échos!
Devant tant de bonté disparaîtra la Haine,
Au baiser du soleil les cœurs seront joyeux
Les yeux emplis de ris, n'ayant plus l'âme en peine,
Souriront à la joie en regardant les cieux!...

Rêve irréalisable! ô poète! ô chimère!..
Non! Humain orgueilleux, il faut agir enfin
Adoucir la Douleur, terrasser la Misère!
Pour que le doux Bonheur règne sur les Humains!
Il faut que la Bonté soit l'unique caresse
Qui réchauffe le cœur des Humains tous égaux,
Il faut que le Bonheur verse la même ivresse
Pour que tout soit parfait sous un règne nouveau!

Lyon, Mai 1928.

A mon Père

O cœur ! épanche-toi, parle-moi de mon père,
Rappelle-moi toujours ce pieux souvenir,
Ce cœur si bon, si doux, qu'ardemment je vénère
Et que bien jeune encore, hélas je vis partir !
O lointain souvenir aux heures de jeunesse,
Des ébats enfantins dans un rire bruyant,
Entre deux jeux, alors, j'avais une caresse
Et ses bons yeux si doux regardaient tendrement.
Mais le destin cruel m'a ravi sa belle âme,
Me privant pour toujours de son solide appui !
Mais le temps a passé sans éteindre la flamme
Qui brûle dans mon cœur aussi pure aujourd'hui ;
Mon père, que souvent à ton image chère
Qui veille près de moi dans de muets tableaux,
J'ai souri, j'ai parlé ; j'ai fait une prière,
Toujours tes grands bons yeux ont soulagé mes maux !
O confident muet ! tu sais mes espérances :
Faire le bien, toujours soulager son prochain
Car rien n'est plus humain qu'adoucir les souffrances,
C'est pourquoi, cher Papa, j'ai suivi ton chemin ;
Car de toi, j'ai gardé, je l'avoue avec joie,
L'âme sincère et droite, un cœur compatissant,
Bon pour tous justement. Je suivrai cette voie
Car mon cœur tient du tien cet unique présent.
O mon Père ! sur moi veille encore en silence,
Près de moi, sois toujours, guide encore mes pas,
Donne à mon cœur qui t'aime une douce espérance,
Que mes yeux à tes yeux sourient jusqu'au trépas !

Lyon, 21 Avril 1918.

Les Ponts du Rhône à Lyon

Des grands ponts de Lyon tu formes l'avant-garde,
« La Boucle » est ton nom et comme un ancien

[guerrier

Dans ton armure de fer, comme lui, de garde,
Tu contemples le Rhône et ses bancs de gravier.

Et toi, vieux pont « Saint-Clair », fait de bois et de

[pierre,

Tu prêtes ton dos plat aux canuts promeneurs
Ainsi qu'aux Lyonnais qui sont malins pêcheurs
Car tu caches dans tes rocs l'anguille si chère !

Solidement campé sur tes pieds de géant,
Majestueux et grand, fier, tu prêtes ton torse
Et le passant heureux confiant dans ta force
T'admire avec respect, ô noble pont « Morand » !

Dans l'eau, deux pieds mignons, un corps de

[demoiselle,

Fière, se balançant à l'heure des autans
Les doux collégiens sont tes meilleurs clients
Du « Collège » est ton nom charmante passerelle.

« Lafayette », ô grand pont ! sis au cœur de Lyon,
Tu portes sur tes flancs l'emblême de nos ondes
Et pour les riverains, faisant œuvre féconde,
Ton dos, fort complaisant, sert de trait d'union !

Pont « Wilson » au grand nom, né dans les jours de

[guerre

Mais revêtu de blanc, symbole de la Paix,

Tu seras un chemin ne servant qu'au Progrès,
Fier de ton bon parrain, ce cœur humanitaire !

Pont de la « Guille » ô toi, de tous le vétéran
Si tu pouvais parler que de pages d'histoire
Tu nous raconterais car, ta grande mémoire
A tant étudié les Humains et les ans !

Jeune et tranquille pont, pont universitaire
Dont les pieds sont posés sur un tapis tout blanc,
Doux refuge l'hiver de nos oiseaux charmants
De « l'Université » nom d'espoir, de lumière !

« Galliéni » nom célèbre des heures sombres,
Pont tu portes son nom noblement, fièrement !
Et tes attributs d'or toujours redoutant l'ombre
Admirent le soleil du levant au couchant.

O Pont, dont le fracas étourdit mes oreilles
Pont noir, sans nom connu que de chemin de fer
Mais précieux à tous car c'est tout l'Univers
Qui se sert de toi pour transporter ses merveilles !

Et voici le dernier, aux portes de Lyon
Portant noblement un des plus beaux noms de France
« Pasteur ! » ce génie et maître de la science
Pour qui les cœurs sont emplis d'admiration !...

> Ponts parure de la Cité,
> O grands ponts de Lyon, que j'aime,
> J'offre à tous cet humble poème
> Pour votre grande utilité !

Lyon, Août 1928.

Hommage à Bellecour

Bellecour, vanterais-je ta rare beauté
De joyaux Lyonnais dans ton immensité,
Ton cadre de marronniers aux lourdes verdures
Qui font à ton beau corps une unique parure.
Tout en toi charme l'œil, égaye tous les cœurs.
Ta grâce, aux visiteurs, largement accueillante,
Du seuil de son territoire aux mille splendeurs
Offre un riant séjour qui toujours vous contente.
Refuge universel, accords harmonieux
Où s'unissent les voix qui charment la nature,
Voix des gais oisillons cachés dans la ramure
Et babil de bébés aux sons mélodieux.
Puis sous les marronniers aux beaux jours, quel
[délice,

D'entendre la musique aux doux airs ravissants
Pendant que sur l'eau des bassins, les cygnes glissent,
L'on sent dans son cœur comme un baume caressant.
Bellecour, près de toi, les heures sont charmantes,
C'est le coin enchanteur où le rêve est permis,
Où les enfants heureux trouvent un paradis
A l'ombre du vieux roi quand la nature chante !

  Bellecour, de toi, la ville est fière,
  Tu formes l'un des plus beaux fleurons,
  L'Univers entier connait ton nom
  Et nous, Bellecour, nous t'admirons
  Hommage, à ta renommée altière !

Lyon, Août 1928.

Sous les regards de la Lune

Au bord du Lac de la Tête d'Or

A ma Nine.

Chanson de Poète.

Au bord du lac qu'argente la Lune,
Le poète entouré de sa cour,
Lyre en mains, chante et fait des discours
Pour charmer ses blondes et ses brunes !

. . . .

Et moi, caché dans un buisson,
J'écoutais sa voix amoureuse
Qui chantait refrain et berçeuse
De la plus exquise façon !...

Ses chansons étaient des histoires
Où l'amour toujours était roi,
Les décors et les accessoires
Rappelaient les jours d'autrefois !

Les amoureux étaient des pages,
Des cavaliers, des troubadours,
Les amantes, des filles sages
A qui l'Amour faisait la cour !

C'était de douces confidences
Où les mots caressaient le cœur,
C'était la joie et l'espérance
Qui rêvaient d'être des vainqueurs !

Puis, sa chanson vantait la femme
Et son éclatante beauté,
Sa grâce et cette grandeur d'âme
Quand dans son cœur naît la bonté!

Ses chants peignaient de nobles Reines,
Des vierges aux grands yeux rêveurs,
Des bergères filant la laine,
Toutes avec l'air enchanteur!

Ce n'était que beauté, noblesse
Dans un exquis parfum d'amour
Qui révèlait la joliesse
Des doux refrains du troubadour!

O ce n'était que fleurs et femmes
Sous un ciel toujours radieux
Que sa chanson aux douces gammes
S'élevant lentement aux cieux!

La gaîté présidait la fête,
La joie, était dans tous les yeux
Car le divin chant du poète
Rendait tous ces bons cœurs heureux!...

Cette nuit là fut un doux rêve
Et seul, je la revis souvent
Car ces heures-là sont si brêves
Rappelant le joyeux Printemps
Et du poète les doux chants!

. . . .

Chanson de poète, ô toi qui guides, consoles
Chante sous tous les cieux pour les cœurs malheureux,
Chante pour attendrir et pour forcer l'obole
Chante pour voir un jour tous les Humains joyeux!

Lyon, Septembre 1928.

TABLE DES MATIÈRES

Imprimerie J.-B. ROUDIL, 3, quai Saint-Clair, Lyon.